खुली किताब

खुली किताब

अनुज गर्ग

वाणी प्रकाशन

वाणी प्रकाशन
4695, 21-ए, दरियागंज, नयी दिल्ली 110 002

शाखा

अशोक राजपथ, पटना 800 004

फ़ोन : +91 11 23273167 फ़ैक्स : +91 11 23275710

www.vaniprakashan.in
vaniprakashan@gmail.com
sales@vaniprakashan.in

KHULI KITAB
by Anuj Garg
Compiled by Niranjan Kumar Mishra

ISBN : 978-93-5229-634-7
Personal Essays/Memoirs

प्रथम संस्करण
मूल्य : ₹ 225

सिटी प्रेस, दिल्ली-110 095 में मुद्रित

वाणी प्रकाशन का लोगो मक़बूल फ़िदा हुसेन की कूची से

समर्पण

यह पुस्तक मैं अपने उन सभी परिजनों, इष्ट मित्रों, अध्यापकों, युवाओं और जनतांत्रिक भारत के व्यवस्थातंत्र में उलझी अपने जीवन की उन परिस्थितियों को समर्पित करना चाहता हूँ जिन्होंने किसी न किसी रूप में मुझे कुछ न कुछ जरूर सिखाया।

जीवन के पचास वसन्त देखने, पचास देशों की यात्रा करने, पन्द्रह सालों से अधिक समय तक युवाओं को पत्रकारिता के लिए शिक्षित करने, अनेक सामाजिक कार्य करने और अन्त में भारतीय संविधान के सबसे बड़े लोकसभा चुनावों में नामी-गिरामी नेताओं और सेलेब्रेटीज़ के सम्मुख चुनाव लड़ने के पश्चात् मेरा दिल देश के उन तमाम युवाओं के लिए अपने अनुभवों को लिखने का हुआ, जो आम जीवन व्यतीत करते हुए जीवन में विषम परिस्थितियों में भी बहुत आगे जाने का रास्ता ढूँढ़ते हैं।

यह पुस्तक विशेषकर देश के उन युवाओं को समर्पित है जो अपने जीवन में करना तो बहुत कुछ चाहते हैं पर समझ नहीं पाते कि करें कैसे। मेरा ऐसा विश्वास है कि इस पुस्तक में आपको अपना रास्ता अवश्य मिलेगा।

कैसे बनी ये पुस्तक

कैसे भूल सकता हूँ? मैं स्वीडन के खूबसूरत शहर उपसाला की वह खूबसूरत सुबह जब उपसाला विश्वविद्यालय के अतिथि गृह में प्रातः सूर्य की प्रथम किरण के साथ चाय पर वरिष्ठ पत्रकार, मेरे मित्र और कई देशों की यात्रा में मेरे सहभागी रहे अजित राय ने मुझे मेरे जीवन के अनुभवों के बारे में लिखने को इतना प्रेरित किया कि मैं उसी दिन लिखने बैठ गया। ये 14 सितम्बर, 2012 हिन्दी दिवस की प्रातः थी। वहाँ हम भारतीय सिनेमा के सौ वर्ष पूर्ण होने के अवसर पर भारतीय सिनेमा पर अपना व्याख्यान देने गये हुए थे। उसके पश्चात् मेरी व्यस्तता के चलते लिखने में कई बार विघ्न पड़ा और महसूस हुआ कि लिखना इतना आसान नहीं है। ऐसे समय जहाँ मेरा साथ दिया मेरे एक विद्यार्थी, भावी लेखक एवं पत्रकार निरंजन कुमार मिश्रा ने वहीं अजित राय निरंतर मुझे पुस्तक की प्रगति के बारे में पूछ कर लिखने को प्रेरित करते रहे। इस दौरान पुस्तक लेखन में मुझे कई बार सहयोग किया सुप्रसिद्ध समाचार वाचक वेदप्रकाश जी, इयान की डीन वन्दना सिंह एवं मेरे छोटे भाई समान उमेश कुमार ने। इसी का परिणाम है कि आज लगभग साढ़े चार वर्षों के पश्चात् मैं यह पुस्तक लिखने में कामयाब हो सका।

जनवरी 2016 में जयपुर लिटरेचर फेस्टिवल के दौरान जयपुर में मैंने अपनी पुस्तक का विचार वाणी प्रकाशन के प्रबन्ध निदेशक और हमारे बड़े भाई अरुण माहेश्वरी जी से साझा कर उसके प्रकाशन में मेरी मदद करने को कहा। सौम्य, सरल, मृदुभाषी व्यक्तित्व के धनी अरुण जी की उस मुस्कराहट का ही परिणाम है, कि आज ये पुस्तक आपके सम्मुख उपस्थित है।

प्रस्तावना

आज भ्रष्टाचार एक ऐसी दीमक की तरह हो गया है जो व्यवस्था को धीरे-धीरे ही सही, लेकिन लगातार और जड़ से चट करने में लगी है। विश्व बैंक ने भ्रष्टाचार को कुछ इस तरीके से परिभाषित किया है: 'निजी लाभ के लिए सार्वजनिक कार्यालय का दुरुपयोग ही भ्रष्टाचार है।' लेकिन आज स्थिति यह है कि कोई भी कार्यालय भले ही वह सरकारी हो या गैर-सरकारी भ्रष्टाचार से मुक्त नहीं है। मेरा यह कहना गलत नहीं होगा कि, 'हर वो जगह जहाँ हवा है, वहाँ भ्रष्टाचार है।' यदि हम केवल भारत की बात करें तो पाते हैं कि दिन-ब-दिन भ्रष्टाचार बढ़ता ही जा रहा है। पिछले कुछ समय में ही हमारा सामना सैकड़ों भ्रष्टाचार की आँधियों से हुआ है, हर दिन अखबार के पन्ने ऐसे भ्रष्टाचार की खबरों से भरे मिलते हैं। कोई भी ऐसा दिन नहीं गुजरता है जिस दिन आम आदमी भ्रष्टाचार का सामना नहीं करता हो। भ्रष्टाचार हमारी व्यवस्था में कुछ इस तरह से घुल-मिल गया है कि एक आम आदमी अपने काम के लिए सरकारी कार्यालयों में अतिरिक्त पैसा देने के बाद भी महसूस नहीं कर पाता है कि उसका सामना भ्रष्टाचार से हो रहा है।

भ्रष्टाचार की पृष्ठभूमि

अंग्रेजों ने हम पर कई सौ वर्षों तक शासन किया। यह भ्रष्टा. चार उन्हीं अंग्रेजों के द्वारा सिंचित पेड़ का कुफल है, जिसका दुष्परिणाम आज हमें भुगतना पड़ रहा है। अंग्रेज हमारे यहाँ व्यापार करने आए थे, लेकिन यहाँ रहते हुए उनकी कुदृष्टि सोने की चिड़िया जैसे इस देश पर पड़ गई जो अपने संसाधनों के लिए विख्यात था। इसे खोखला करने के उनके नापाक इरादों को ताकत दी यहाँ के रजवाड़ों के आपसी मतभेद ने और 'फूट डालो शासन करो' की रणनीति के बल पर वे पूरे भारत में अपना जाल बिछाने में कामयाब हो गए। समय के साथ उन्हें व्यापार और राज करने के लिए मानव संसाधन की जरूरत पड़ी और इसके लिए भारतीयों से सस्ता और सुलभ कुछ हो ही नहीं सकता था। इसके साथ ही भारतीयों के संसाधन के साथ-साथ उनका दैहिक शोषण किया जाने लगा। अंग्रेज यहाँ के लोगों से कठिन और घटिया काम लेने लगे। वे हमारी प्रकृति और मानव संसाधन दोनों का ह्रास कर रहे थे। यही वह समय था जब भ्रष्टाचार का व्यवस्था में प्रवेश हुआ। यह उनका देश नहीं था, उनकी जन्मभूमि नहीं थी जिसे वे लूट कर खोखला कर रहे थे, ये उनके लोग नहीं थे जिनका शारीरिक शोषण हो रहा था, ये उनका संसाधन नहीं था, जिसे वे खोखला कर रहे थे, इसीलिए अंग्रेजों को इसकी कोई फिक्र नहीं थी। लेकिन यह हमारा देश था, यह हमारी मातृभूमि थी, ये हमारे लोग थे और यह हमारा संसाधन था,

फिर क्यों हम भ्रष्टाचार के प्रचलन को बढ़ावा दे रहे थे? सच में यह एक प्रचलन ही तो बन चुका है। बहुत समय मैंने इस भयंकर प्रथा का अभिशाप सहा है, कभी जानबूझकर तो कभी अनजाने में। इस काल्पनिक दानव से मेरा जो सामना हुआ है उसने जीवन के हर कदम पर मुझे इसकी उपस्थिति का एहसास करा दिया।

मेरा बचपन

मेरा जन्म उत्तर प्रदेश के शहर मथुरा में मथुरा दास द्वारका दास कसेरे संयुक्त हिन्दू परिवार में दीनानाथ-कमलेश कुमारी के सबसे छोटे पुत्र के रूप में हुआ था। शायद इसीलिए मेरा नाम अनुज रखा गया। उस समय तंग गलियों के मध्य दो चौक की उस हवेली में परिवार के लगभग 42 सदस्य एक साथ रहते थे। वहीं पर मैं पला-बढ़ा। गर्मियों की छुट्टियों में, शादी-विवाह या त्योहारों पर जब घर की बेटियाँ भी अपने परिवारों के साथ आ जाती थीं तो क्या कहने, हर दिन उत्सव का माहौल होता था। बचपन से ही जहाँ कई दादा-दादियों, ताया-ताइयों, चाचा-चाचियों, मामा-मामियों एवं अपने बड़ों का प्यार और संस्कार मिले वहीं एक संयुक्त हिन्दू परिवार में होती रोज़-रोज़ की किच-किच को भी मैंने नजदीक से देखा। परिवारों में होती आपसी प्रतिस्पर्धा ने जहाँ जीवन को बहुत कुछ सिखाया वहीं स्वयं ने कहीं न कहीं ऐसे माहौल से बाहर निकल कर, कहीं दूर अपना स्वयं का एक आशियाना बनाने को प्रेरित किया।

खुले आसमान के नीचे गर्मियों में छत पर अपने बिस्तर स्वयं लगाना और खुली हवा में आसमान की तरफ तारों को देखते हुए सो जाना। गर्मी में तपती छत पर पानी का छिड़काव कर अपने नन्हे पैरों को जलने से बचाना तो रसोई में ही चूल्हे के आगे जमीन पर बैठकर मम्मी-दादी के हाथ का गरमा-गरम खाना खाना। सुबह-सुबह चाय के साथ बिस्कुट खाकर एक ही रिक्शा में हम सब एक साथ स्कूल जाते थे। स्कूल में मास्टर जी की डाँट और शैतानी करने पर पिटाई खाना। गर्मियों में खरबूजे के पने और आम के अमरस पर लड़ना। भरी गर्मियों में छत पर पतंग उड़ाना और बंदरों से अपने आप को

बचाना। मिट्टी के कुंजे से पानी पीना और रेडियो पर आकाशवाणी की विविध भारती सेवा पर अमीन सयानी की बिनाका गीत माला सुनना। कितना खूबसूरत था वो बचपन। पर इन सब के बीच दादाजी की एक फटकार ही तो थी जो पूरे परिवार को एक सूत्र में बाँधे रखती थी। यहीं से संस्कारों का जन्म शुरू हुआ।

मेरी शिक्षा

मेरी शुरुआती शिक्षा सरस्वती शिशु मन्दिर, चम्पा अग्रवाल बाल मन्दिर, चम्पा अग्रवाल इंटर कॉलेज और बीएसए कॉलेज मथुरा में हुई। मैं पढ़ाई में शुरू से ही बहुत अच्छा था। कम्प्यूटर का युग शुरू ही हुआ था अत: मैं बोस्टन यूनिवर्सिटी अमेरिका से कम्प्यूटर में बी.टेक. की शिक्षा प्राप्त करना चाहता था। उसके लिए दिन-रात मेहनत कर एडमिशन तो पा लिया पर संसाधनों की कमी और ब्लू स्टार ऑपरेशन अमृतसर जैसी विषम परिस्थितियों के चलते वीज़ा न मिलने के कारण अमेरिका नहीं जा सका। यह वह समय था जब न मोबाइल होता था न इंटरनेट, विदेशों की तो बात ही क्या देश के भी किसी दूसरे शहर में फोन पर बात करने के लिए ट्रंक कॉल बुक कराने पड़ते थे और फिर भी आवाज साफ नहीं आती थी।

सफर में मुश्किलें आयें, तो हिम्मत और बढ़ती है

अमेरिका न जाने से एक बार तो मैं बिल्कुल टूट गया। लोग क्या कहेंगे, हम उम्र दोस्त मेरी हँसी उड़ाएँगे, मैं उन सबका सामना कैसे करूँगा आदि-आदि विचार मुझे जीवन तक समाप्त करने की सलाह देने लगे, परन्तु मैंने स्वयं को मजबूत कर दिल्ली में ही रहकर कुछ करने को प्रेरित किया। वीज़ा मिलने की उम्मीद और आगे की शिक्षा के लिए मैं मथुरा से दिल्ली रोज ट्रेन से अप-डाउन करने लगा। घर से लगभग डेढ़ सौ किलोमीटर दूर अनजान शहर, अनजान लोग और मुफलिसी का दौर। आर्थिक स्थिति के आगे मजबूर मुझे हर दिन लगभग 300 किमी का सफर तय करना पड़ता था। ट्रेन में सोना, ट्रेन में खाना मानो मेरी जीवनचर्या बन गयी थी। मैं अक्सर ट्रेन से दिल्ली में तिलक ब्रिज पर उतरकर सीढ़ियों से आईटीओ पहुँच जाता था। वहीं हंस भवन में मेरी क्लास चलती थी। दिल्ली मुझे शुरू से

ही बहुत आकर्षित करती थी, पर दिल्ली में बसना मुझे असम्भव सा लगता था। मैं अक्सर आईटीओ पर खड़ा होकर दिल्ली की चकाचौंध और ट्रैफिक को देखता था और सोचता था कि क्या कभी मेरा दिल्ली में भी कोई आशियाना होगा? क्या मुझे दिल्ली में कोई नौकरी मिल पाएगी? परन्तु सब नामुमकिन लगता था। उन चंद सालों ने मुझे संघर्ष का सामना कर हार न मानना सिखाया। मैंने इस दौरान एयरकंडीशनिंग रेफ्रिजरेशन, कम्प्यूटर सॉफ्टवेयर में डिप्लोमा हासिल किया।

डिप्लोमा हासिल करने के पश्चात् मैंने दिल्ली रहकर ही एयरकंडीशनिंग की कम्पनी में काम करना प्रारम्भ कर दिया। लगभग 15 महीनों तक काम करने के पश्चात् मेरे उस अनुभव और डिप्लोमा ने मेरा साथ दिया मथुरा रिफाइनरी में एयरकंडीशनिंग का कॉन्ट्रैक्ट दिलाने में। हालाँकि यह इतना आसान भी नहीं था क्योंकि काम की बारीकियों में महारथ होते हुए भी मैं काम पाने की कूटनीति से वाकिफ नहीं था, यही कारण था कि कॉन्ट्रैक्ट के काबिल होने बाद भी कई बार मुझे खाली हाथ लौटना पड़ा। पर इस सच को साकार होना ही था कि 'पसीने से सिंचित काबिलियत की बुनियाद पर ही कामयाबी की बेमिसाल इमारत खड़ी होती है।' अन्ततः मुझे 1987-88 में मथुरा रिफाइनरी में एयरकंडीशनिंग का कॉन्ट्रैक्ट मिल गया और मैं मथुरा वपिस आ गया।

व्यवस्था के मकड़जाल ने यहाँ भी मुझे कई बार मजबूर किया कि मैं अपना रास्ता बदल लूँ लेकिन कहते हैं न कि "जब नाव जल में छोड़ दी तूफान ही में मोड़ दी, दे दी चुनौती सिन्धु को तब धार क्या मझधार क्या।" ऐसे समय पर मेरा साथ दिया मेरे भाइयों देवेन्द्र गर्ग, अवनीश गर्ग, अनुराग बंसल व आकाश बंसल ने और हम सब मिलकर इस काम में जुट गये। भारत सरकार के कई विभागों में हमारे एयरकंडीशनिंग कॉन्ट्रैक्ट सफलतापूर्वक काम करने लगे। काबिलियत और कुछ कर गुजरने के जुनून ने तब कहीं जाकर लगभग 10 वर्षों के पश्चात् मुझे आज के अनुज गर्ग के रूप में स्थापित करना प्रारम्भ कर दिया। काम का दायरा और नाम की ख्याति दिन-ब-दिन बढ़ने लगी। एयरकंडीशनिंग तथा रेफ्रिजरेशन की कई कम्पनियों का डिस्ट्रीब्यूशन हमारे पास आ गया। नियति जिसे सफलता के एक दायरे में समेट दे मैं वह नहीं बनना चाहता था। नयी सोच और कुछ अलग

कर गुजरने की प्रबल इच्छा ने मुझे फिर से एक नये और कड़े सफर पर चलने को प्रेरित किया।

सपनों से हक़ीक़त तक

बन्द आँखों से देखे जा रहे सपनों की दुनिया भले ही नींद खुलने के बाद धराशायी हो जाती है, लेकिन खुली आँखों में बसे सपनों को हालात के लाखों थपेड़े भी हतोत्साहित नहीं कर सकते। साथ ही इन सपनों की बुनियाद इतनी मजबूत होती है कि बुलन्दी पर पहुँचने की चाहत उन्हें ठहराव को बर्दाश्त करने नहीं देती। मथुरा रिफाइनरी में एयरकंडीशनिंग के मेंटेनेंस का हमारा काम अच्छा चल रहा था। लगन और ललक की बदौलत हमने इस काम में अपनी अच्छी पकड़ बना ली थी। लेकिन कुछ अलग कर गुजरने की मंशा, इतने से सन्तुष्ट नहीं थी। मेरा मन कतई यह मानने को तैयार नहीं था कि यही है मेरे सपनों की मंजिल।

वह सितम्बर महीने की एक शाम थी, सूरज ढलान पर था, चिड़िया अपने आशियाने में समा जाने को बेताब दिख रही थी, लेकिन मेरा मन अपनी वर्तमान चौहद्दी से बाहर निकलकर बाहरी दुनिया में अपनी चमक बिखेरने को बेताब था। मैं अपने मथुरा स्थित घर के लॉन में बैठा यही सोच रहा था कि यहाँ आगे बढ़ने की सम्भावनाएँ ज्यादा नहीं हैं। यहाँ रहने पर इसी काम में उलझे रहने के सिवाय आगे बढ़ने का कोई दूसरा विकल्प नहीं है। अगर पंख फैलाना है तो किसी बड़े शहर का रुख करना पड़ेगा। बड़े शहर का ख़याल आते ही दिल्ली की छवि मन में समा जाती थी, लेकिन दिल्ली को अपना कार्यक्षेत्र बनाने में पैसों की कमी आड़े आती दिख रही थी। इस समय मैं उस परिस्थिति में था कि अपने साथ पूरे परिवार के बारे में भी सोचना था। उस समय मैं दो बच्चों का पिता भी था। अत: हर कदम से पहले चिन्तन जरूरी था। अपने इस विचार को मैंने पत्नी से साझा किया तो प्रारम्भ में तो उन्होंने मना कर दिया। लेकिन फिर मेरे समझाने पर कि एक बार खुद को आजमाने में हर्ज क्या है, अगर सफल नहीं हो पाया तो वापस लौट आऊँगा, अपना घर तो है ही। उन्होंने मुझे हाँ कर दी। बहुत सोच-विचार के बाद मैंने पत्नी से कहा कि मुझे एक साल का समय दो। मेरे जोश और जुनून को अगर ईश्वर का साथ

मिला तो मैं तुम्हें भी एक साल बाद वहाँ बुला लूँगा। पत्नी की तरफ से सहमति मिलने के बाद मैं निकल गया अपने सपनों की मंजिल तक का सफ़र तय करने।

घर से निकलते समय मन ही मन यह संकल्प कर लिया कि भले ही कितनी भी परेशानियों का सामना करना पड़े, अपने कर्तव्य पथ से डिगना नहीं है। दिल्ली आ कर यहाँ एक कमरा किराए पर लिया और जी-जान से जुट गया अपने काम में। सच कहूँ तो जिन्दगी का यह फलसफा मुझे उन्हीं दिनों समझ आया कि कुछ पाने की चाह में खाली जमीन पर भी आने वाली नींद सोफों और गद्दों से ज्यादा सुकून देती है। जब घर वालों को पता चला कि मैं यहाँ जमीन पर सोता हूँ और एक स्कूटर ही मेरे रास्तों का हमसफ़र है तो वे मुझे समझाने लगे कि घर पर इतनी सुविधाओं के बाद भी तुम क्यों वहाँ पर तकलीफ की जिन्दगी जी रहे हो। लेकिन मैं भी था धुन का पक्का, जब यहाँ तक पहुँच गया था, तो कदम पीछे खींचने का तो कोई सवाल ही नहीं था। कहते हैं न कि 'सफ़र में मुश्किलें आएँ तो हिम्मत और बढ़ती है।'

मैं अब और भी लगन के साथ जुट गया अपने काम में। जब काम ने कुछ रफ़्तार पकड़ी तो एक वर्कशॉप ले लिया किराए पर, वह वर्कशॉप क्या था, एक घर का छोटा-सा भाग था। लेकिन वही छोटी-सी जगह मेरी जिन्दगी में एक बड़ा उलटफेर करने वाली थी। उसी घर के एक भाग में कुछ लड़के रहते थे, उन्हीं में से एक थे 'इमरान'। इमरान से मेरी अच्छी बनने लगी थी। इमरान के साथ ही उनके दोस्त नलिन से मेरी मुलाकात हुई। इन दोनों के अलावा इस मित्र मंडली में एक और सदस्य था 'अमर्त्या'। इन तीनों और मुझमें एक बात तो समान थी कि हम सब अपनी मंजिल को पाने की जद्दोजहद में लगे थे। 1998-1999 ये वो समय था जब संचार क्रांति भारत में पाँव पसार रही थी। भारत आधुनिकता तथा विज्ञान की चकाचौंध वाली इक्कीसवीं सदी में दाखिल हो रहा था।

कि एक दिन अखबार में तत्कालीन सूचना एवं प्रसारण मंत्री प्रमोद महाजन का एक वक्तव्य प्रकाशित हुआ था कि पूरे भारत में रेडियो चैनलों का जाल बिछाया जाएगा। हमारे लिए यह खबर नहीं बल्कि हमारे सपनों की मंजिल की वह चाबी थी, जिससे अब अपनी किस्मत

का ताला खोलना बाकी था। बस यह खबर पढ़ कर हमने सोचा कि इन रेडियो स्टेशनों के लिए बड़ी संख्या में रेडियो जौकी की जरूरत पड़ेगी। उस समय भारत में ऐसे गिने-चुने संस्थान ही थे जो इसका प्रशिक्षण देते थे। हम चारों यानि इमरान, नलिन, अमर्त्या और मैं इस मुद्दे पर बहुत सोच-विचार करने के बाद इस निष्कर्ष पर पहुँचे कि यह काम करना चाहिए। काम की रूपरेखा तैयार होने के बाद नाम पर विचार किया जाने लगा। कुछ सोचने के बाद 'इयान-IAAN' का ख़याल आया कि क्यों न हम चारों के नाम के पहले अंग्रेजी अक्षर को मिला कर बनने वाले शब्द के साथ ही हम अपने इस कार्य का शुभारम्भ करें। तो इस तरह से 'IAAN' की आधारशिला रखी गयी। उस समय यह बहुत छोटे स्तर पर शुरू हुआ था, क्योंकि पैसा भी पर्याप्त मात्रा में नहीं था ताकि इसमें लगाया जा सके और न ही जगह थी। लेकिन था तो कुछ कर गुजरने का जज्बा और उसी के सहारे हम चारो 'IAAN' को ऊँचाइयों पर पहुँचाने की जुगत में जुट गये। पहले लक्ष्मी नगर फिर सिविल लाइंस में छोटा सा ऑफिस लिया। जहाँ हम एडमिशन लेते थे और मीटिंग भी वहीं पर रखी जाती थी। क्लास लेने के लिए हमने आकाशवाणी के कुछ रेडियो जौकी से बात की, जो हमारे नियमित फैकल्टी मेंबर के तौर पर बच्चों को पढ़ाया करते थे। पास के ही शाह-ऑडिटोरियम में हम कॉन्फ्रेंस रूम किराए पर लेते थे और वहीं पर क्लास होती थी। बच्चों को उचित मार्गदर्शन और ज्ञान मिले इसके लिए हम सदा ही तत्पर रहते थे।

कुछ ही दिनों में इसका परिणाम भी नजर आने लगा जब लोगों के द्वारा हमारे काम को सराहा जाने लगा। हमारे द्वारा तैयार किए गये रेडियो जॉकी कई प्रतिष्ठित एफएम चैनलों की आवाज बन गये। तत्कालीन मीडिया ने इसे हाथों-हाथ लिया और इयान क्रिएशन की सफलता के किस्से अखबारों में जगह पाने लगे।

इयान क्रिएशन की स्थापना हमारे सफर में मील का पत्थर साबित हुई। सफलता से अभिभूत होकर हमने इयान क्रिएशन को कम्पनी में बदल दिया। रेडियो जौकी के साथ-साथ न्यूज एंकर और न्यूज रिपोर्टर के लिए भी वर्कशॉप शुरू हो गये। मीडिया के क्षेत्र में इयान किसी पहचान का मोहताज नहीं रहा था। इस शुरुआती कामयाबी से प्रोत्साहित होकर हमने इयान क्रिएशन का दायरा व्यापक किया और

वर्ष 2002 में इयान स्कूल ऑफ मास कम्युनिकेशन की स्थापना हुई। देश के प्रतिष्ठित पत्रकारिता विश्वविद्यालय माखन लाल चतुर्वेदी राष्ट्रीय पत्रकारिता और संचार विश्वविद्यालय भोपाल ने इयान को अपनी मान्यता दी। बेहद कम और अपर्याप्त संसाधनों से शुरू हुआ यह संस्थान आज मीडिया के क्षेत्र में अपना एक खास स्थान रखता है। इयान स्कूल में पढ़ रहे भावी पत्रकारों की लेखनी में धार लाने के उद्देश्य से वर्ष 2005-06 में साप्ताहिक समाचार-पत्र के रूप में इयान एक्सप्रेस की शुरुआत हुई और शीघ्र ही इयान एक्सप्रेस को (आरएनआई) रजिस्ट्रेशन के साथ भारत सरकार की मान्यता मिल गयी। पत्रकारिता में आने की चाह रखने वाले विद्यार्थियों में कमाल की रचनात्मकता होती है। कुछ ऐसे ही विद्यार्थियों की अभिनव कला को उभारने के लिए 2007-08 में 'अक्स थिएटर' की स्थापना हुई।

इयान स्कूल ऑफ मास कम्युनिकेशन एक तरफ जहाँ पत्रकारिता की शिक्षा के माध्यम से छात्रों को लाभान्वित कर रहा था तो दूसरी तरफ इयान क्रिएशन प्रा. लि. प्रोडक्शन के क्षेत्र में पाँव जमा रहा था। 2010 में सूचना एवं प्रसारण मंत्रालय भारत सरकार द्वारा इयान को अपने सैटेलाइट चैनल 'इयान टीवी' को प्रारम्भ करने की अनुमति मिल गयी। इयान टीवी की शुरुआत का मकसद न सिर्फ इयान क्रिएशन प्रा. लि. का दायरा बढ़ाने बल्कि बच्चों को टीवी पत्रकारिता की प्रायोगिक जानकारी संस्थान के भीतर ही देने के लिए था। इयान क्रिएशन द्वारा अब तक लगभग 500 घंटों से अधिक का टीवी एवं विडियो प्रोडक्शन किया जा चुका है जिसमें कई टीवी ऐड्स, एजुकेशनल प्रोग्राम्स, सीरियल्स, ट्रैवल लॉग्स, इंटरव्यूज एवं फिल्में शामिल हैं।

आज दक्षिणी दिल्ली के पॉश इलाके न्यू फ्रेंड्स कालोनी स्थित इयान हाउस में प्रथम तल के अपने कार्यालय में बैठकर जब मैं सीसीटीवी के जरिए इयान की बगिया में पत्रकारिता की नयी पौध को विकसित होते देखता हूँ तो मुझे इन पंक्तियों की सार्थकता महसूस होती है कि :

'मंज़िलें उन्हीं को मिलती हैं जिनके सपनों में जान होती है,
पंखों से कुछ नहीं होता हौसलों से उड़ान होती है।'

अनुक्रम

घट-घट व्यापे राम

कहा गया है हममें, तुममें, खड्ग में खंभ, घट-घट व्यापे राम। भगवान सब जगह विद्यमान हैं और वे किसी न किसी रूप में समय-समय पर अपनी उपस्थिति का आभास कराते रहते हैं। गीता में भी भगवान ने कहा है– जो हो रहा है, वह अच्छा हो रहा है और जो होगा, वह भी अच्छा ही होगा। तुम व्यर्थ चिंता करते हो। बात भी सच है बिन हरि कृपा तृण नहीं डोले। हम कितना भी हाथ-पाँव मार लें कितना भी कूट-पीस लें। होगा वही जो राम रचि राखा। वही होना है जो भगवान हमसे कराना चाहते हैं। ईश्वर अपने भक्तों पर सदा ही अपनी दृष्टि बनाए रखता है। अगर ऊपर वाले की दृष्टि है तो आदमी काल के गाल से भी सही-सलामत बच कर निकल सकता है। मेरे साथ घटी यह घटना इस बात का प्रमाण है।

बात उस समय की है जब मेरी 12वीं की परीक्षा खत्म हुई थी। परीक्षा के बाद मैं इंजीनियरिंग में दाखिले की तैयारी कर रहा था। दिन बीतते देर नहीं लगती। मेरी परीक्षा का दिन भी आ ही गया, जिसके लिए मुझे कानपुर जाना था। इसके लिए नियत समय पर मैं अपने घर मथुरा से कानपुर के लिए ट्रेन से रवाना हुआ। वहाँ पहुँचने और परीक्षा देने में किसी तरह की परेशानी का सामना नहीं करना पड़ा। वहाँ से मरुधर एक्सप्रेस से वापस लौटना था जो रात में थी और सुबह तक मथुरा पहुँचाती थी। तय समय पर मैं ट्रेन में सवार हुआ और अन्य सहयात्रियों की तरह अपने गन्तव्य का इन्तजार करने लगा। ख़यालों में डूबे हुए अचानक ही मुझे याद आया कि इसी रूट में कासगंज स्टेशन पड़ता है, जहाँ मेरी बुआ जी का घर है। बुआ जी के बच्चे

मेरे हमउम्र थे, जिनके साथ बचपन की कई हसीन यादें जुड़ी हुई थीं। इस बात का ध्यान आते ही मन यह मानने को तैयार नहीं था कि कासगंज में बिना अपने भाई-बहनों से मिले मैं मथुरा चला जाऊँ। इन्हीं ख़यालों में गुम था कि तभी टीटीई की आवाज कानों में पड़ी, 'टिकट दिखाओ।' यहाँ टिकट दिखाने के साथ-साथ मेरे पास एक मौका था अपनी जिज्ञासा शांत कर लेने का। इसलिए टीटीई महोदय से पूछ बैठा—साहब, कासगंज में यह गाड़ी कितने बजे पहुँचती है। 'सुबह 4 बजे'। टीटीई महोदय के इस जवाब ने मेरे मन में उठ रही सभी तरंगों पर पानी फेरने का काम किया, क्योंकि मुझ जैसे किशोर युवा का 4 बजे भोर में कासगंज रेलवे स्टेशन से उतर कर अकेले बुआ जी के घर जाना सम्भव ही नहीं था। इसलिए मैं फिर मन मार कर बैठ गया। प्रश्न पूछने के बाद मेरे चेहरे पर छाई उदासी को टीटीई साहब ने शायद भाँप लिया। 'क्यों भाई, क्या हुआ, कासगंज उतरना है क्या?' इस सवाल ने मुझे गर्दन ऊपर उठाने को मजबूर किया। 'जी, उतरना तो था लेकिन 4 बजे भोर में यह मुमकिन नहीं होगा।' मेरे इतना कहते ही टीटीई साहब बोले, 'अरे मुमकिन क्यों नहीं होगा। बताओ तो सही कि जाना कहाँ है, किसके यहाँ जाना है, किस मोहल्ले में? मेरा घर भी कासगंज में ही है, इसलिए मैं भी वहीं उतरूँगा।' टीटीई साहब के इतना पूछने पर मैंने उन्हें अपने फूफा जी का नाम और उनका पता बताया। फूफा जी का नाम सुनते ही टीटीई साहब बोल पड़े, 'अच्छा तो तुम्हें सेठ जी के यहाँ जाना है। उनका घर तो मेरे घर के पास ही है। तुम्हारे फूफा जी से मेरी अच्छी जान-पहचान है। तुम अब निश्चिन्त होकर सो जाओ। मैं सुबह 4 बजे आऊँगा तुम्हें जगाने।' यह कहकर टीटीई साहब चले गये। अब तो मेरी आँखों से नींद सैकड़ों मील दूर थी। मैं अब एक नये पशोपेश में था कि जाऊँ या न जाऊँ? कितने साल बाद एक मौका मिला है अपने भाई-बहनों से मिलने का। लेकिन फिर एक डर भी था कि इस अनजान टीटीई की बात पर विश्वास करने का जोखिम उठाऊँ तो कैसे? न जान न पहचान। अगर जाएँ भी तो किसी रिश्तेदार के घर 4 बजे भोर में जाने पर पता नहीं उन्हें कैसा लगे। इसी उधेड़बुन में कब आँख लग गयी, पता ही नहीं चला।

'उठो, कासगंज आ गया। बुआ जी के यहाँ नहीं चलना है क्या?'

इसी आवाज से सुबह 4 बजे नींद खुली– देखा तो सामने टीटीई खड़े थे। उन्हें देखते ही मैं बोला, 'नहीं आप जाइए। मैं फिर बाद में कभी आकर बुआ जी से मिल लूँगा।' वे बोले, 'रात में तो तैयार हो गये थे जाने को, अब क्या हुआ, अरे भाई, मैं कोई अनजान आदमी नहीं हूँ, सेठ जी से हमारी अच्छी जान-पहचान है। उनके घर हमारा आना-जाना है।' लेकिन मेरे यह कहने पर कि 'इस समय जा कर किसी को जगाना ठीक नहीं होगा।' उन्होंने कहा, 'अगर तुम्हें ठीक लगे तो एक काम कर सकते हो। तुम 6 बजे तक मेरे घर पर रुक जाना और जब 6 बजे तुम्हारे फूफा जी टहलने निकलेंगे तो मैं तुम्हें उनके सुपुर्द कर दूँगा।' मैंने भी सोचा चल ही चलते हैं। एक मौका मिला है और मैं उनके साथ हो लिया। सुबह 6 बजे तक मैं उनके घर रहा और जब फूफा जी टहलने के लिए बाहर निकले तो उन्होंने मुझे उनके पास पहुँचा दिया। सुबह ही मुझे इस तरह देखकर फूफा जी चकित रह गये, लेकिन फिर टीटीई साहब ने उन्हें सब समझा दिया।

सुबह के आठ बज रहे थे। मैं अपने भाई-बहनों में मशगूल था कि टीटीई की आवाज कानों में पड़ी। सेठ साहब, मैंने आपके भतीजे को बचा दिया। 'बचा दिया, क्या मतलब!' फूफा जी के पूछने पर उन्होंने जो कहा, उसे सुनकर मेरे रोंगटे खड़े हो गये। हुआ ये था कि मैं जिस मरुधर एक्सप्रेस से कानपुर से लौट रहा था, उसका कासगंज के ठीक बाद वाले स्टेशन सिकन्द्राराऊ में भयानक एक्सीडेंट हो गया था, जिसमें सैकड़ों लोग घायल हो गये थे। वो बोगी तो पूरी तरह से तहस-नहस हो गयी थी, जिसमें मैं यात्रा कर रहा था। आज भी जब वो घटना याद आती है तो लगता है कि वह टीटीई मेरी जिन्दगी में साक्षात् भगवान बनकर आये थे। वो अगर उस दिन नहीं होते तो शायद आज मैं न होता।

अच्छे अफसरों की भी कमी नहीं है

आज भले ही हम कहते हैं और इसमें सच्चाई भी है कि उन विभागों और उन अफसरों की संख्या अनगिनत है, जहाँ बिना पैसा खर्च किए कोई काम नहीं हो सकता। लेकिन यह बात भी सच है कि आज भी कई ऐसे विभाग और ऐसे अफसर हैं जो अपना काम पूरी ईमानदारी और निष्ठा से कर रहे हैं। लेकिन कहते हैं न कि 'गेहूँ के साथ घुन को भी पिसना पड़ता है'। भ्रष्टाचार की यह गंगोत्री उन्हें भी अपने साथ समेट रही है जिनका दूर-दूर तक इससे नाता नहीं है। यह उन्हीं अफसरों की छवि और कार्यशैली का कमाल है कि आज भी जरूरतमंद लोग सच की राह पर चलते हुए अपने साथ न्याय की आस में बैठे हैं।

डिप्लोमा करने के बाद मैं मथुरा रिफाइनरी के मेंटेनेंस का ठेका लेने की सोचने लगा था। उस समय तक मुझे इसकी प्रक्रिया के बारे में कोई जानकारी नहीं थी। कई जगह पता करने के बाद मालूम हुआ कि उसके लिए अखबार में निविदा प्रकाशित की जाती है जिसके आधार पर आवेदन करना होता है। उस दिन के बाद से यह मेरी दिनचर्या में शामिल हो गया कि हर दिन के अखबार को खँगालना है कि कहीं उस दिन निविदा के लिए कोई सूचना तो प्रकाशित नहीं हुई है। कई महीनों तक अखबारों के पन्ने पलटने के बाद वो दिन भी आ ही गया जब अखबार में निविदा प्रकाशित हुई थी। मैंने उस अखबार से निविदा वाली कटिंग को अलग किया, जिसे पाकर मैं बहुत उत्साहित था, क्योंकि यह मेरे सपनों की मंजिल के रास्ते की सीढ़ी का पहला पायदान था। मैं उसे अच्छी तरह से पढ़ने-समझने के बाद आवेदन की प्रक्रिया में जुट गया। मैं उन सभी दस्तावेज़ों और

प्रमाणपत्रों को पाने में जुट गया, जिनकी आवेदन में जरूरत थी। पूरी तरह से आश्वस्त होने के बाद कि मैंने आवेदन प्रक्रिया के मानकों को पूरा करते हुए पूरी तैयारी कर ली है, मैं आवेदन के लिए निर्धारित जगह यानी मथुरा रिफाइनरी पहुँचा। मैं समय से और पूरी तैयारी के साथ पहुँचा था लेकिन कार्यालय के गेट पर खड़ा गार्ड मुझे अंदर ही नहीं जाने दे रहा था। बड़ी जद्दोजहद के बाद भी जब मैं कार्यालय के अंदर उस बाबू से मिलने में कामयाब नहीं हो पाया, जिनको आवेदन देना था तो मन बड़ा खिन्न हुआ कि इतने दिनों तक तैयारी करने के बाद और इस भीषण गर्मी में तपने के बाद भी मैं आवेदन जमा नहीं कर पाया। अगले कई दिनों की मेहनत के बाद एक सज्जन ने सुझाया कि बेटे, यहाँ इतनी आसानी से एंट्री नहीं मिलती है, कुछ खर्च करना पड़ता है। अब बात मेरी समझ में आ चुकी थी। मैं तो कहाँ पूरी मेहनत और ईमानदारी के साथ तैयारी करके आया था, लेकिन यहाँ मेहनत और ईमानदारी की नहीं, लक्ष्मी की जरूरत थी। खैर किसी तरह मैं उस टेबल तक पहुँचा, जहाँ आवेदन जमा किया जा रहा था। लेकिन उस महोदय ने भी आवेदन में ढेरों खामियाँ निकाल कर मुझे बैरंग वापस कर दिया। उसी कार्यालय में एक कमरा उस बड़े अधिकारी का भी था, जिनके हाथ में उस ठेके की चाबी थी। मैं उनसे भी मिलना चाहता था, लेकिन उनके कमरे के बाहर बैठी उनकी सेक्रेटरी महोदया ने मुझे अंदर जाने ही नहीं दिया। मैंने तो सोच लिया था कि किसी भी तरह से मुझे यह ठेका पाना है, इसलिए आवेदन की खामियों को दूर करने की दिशा में काम करना शुरू किया। जल्द ही उस अफसर के बताए अनुसार आवेदन पत्र तैयार कर फिर उनके कार्यालय में हाजिर हुआ। लेकिन इस बार मुझे एक नयी गलती से अवगत कराया गया और उन महाशय ने मेरे आवेदन को पास ही पड़ी रद्दी की टोकरी में फेंक दिया। मेरा मन बहुत उदास हुआ और अचानक मुझे आभास होने लगा कि मैं अपने सपनों की मंजिल से दूर होता जा रहा हूँ।

शाम का समय था। मैं बुझे मन से उस कार्यालय से बाहर निकल रहा था तो देखा कि उस बड़े अफसर के कार्यालय का दरवाजा थोड़ा-सा खुला है और गेट के सामने से उनकी सेक्रेटरी महोदया भी नदारद थी। मैं इस मौके को गँवाना नहीं चाहता था, इसलिए अपने

भाग्य के खुले दरवाजे के रूप में नजर आ रहे, उस गेट को अंदर की ओर धकेल कर भीतर हाजिर हुआ। रोज-रोज की इस भागदौड़ से मैं इतना टूट चुका था कि इस बारे में बात करते समय मैं उस अफसर के सामने भावुक हो गया। वो बड़े अफसर जो रोज मुझे उस कार्यालय का चक्कर लगाते हुए देखते थे, उन्होंने मेरी मजबूरी समझी और मुझसे पूछा अच्छा तो तुम पहले मुझसे क्यों नहीं मिले, तब मैंने उन्हें अपनी आपबीती सुनाई, कि कैसे मुझे उनकी सेक्रेटरी महोदया द्वारा दरवाजे से ही बाहर का रास्ता दिखा दिया जाता था। इन साहब ने उस महोदय को बुलाया जिसने मेरे आवेदन को कई बार लेने से इन्कार कर दिया था। इस बड़े अफसर ने जब उससे मेरे आवेदन के बारे में पूछा तो उसने कई कमियाँ गिनानी शुरू कर दीं। लेकिन साहब के आदेश पर कि इनका आवेदन स्वीकार किया जाए, उस अफसर ने मेरे आवेदन को स्वीकार किया। अंततः जब टेंडर खुलने का दिन आया, उस दिन भगवान को मेरी मेहनत और लगन पर तरस आया और 1989 में कई लाख का वह ठेका मुझे मिल गया।

मैं आज भी सोचता हूँ कि वो अफसर मेरी जिन्दगी में भगवान बनकर आए थे, जिनके कारण मैं अपने सपनों की मंजिल तक पहुँच सका।

वर्दी ने जब जिसको चाहा, आतंकी बना दिया

अभी कुछ दिन पहले मैंने युवा कवि इमरान प्रतापगढ़ी की ये पंक्तियाँ सुनी थीं:

> 'इसाफ कहाँ इंसाफ रहा इसको नौटंकी बना दिया,
> वर्दी ने जब जिसको चाहा उसको आतंकी बना दिया।'

लेकिन इन पंक्तियों के आशय से मेरा सामना बहुत पहले हो चुका था। आम जनता की भलाई की शपथ लेने वाली पुलिस कैसे अपने कर्तव्यपथ से विमुख होकर एक बेगुनाह को गुनहगार और दोषी को निर्दोष साबित करने का प्रपंच रचती है, मैं इसका जीता-जागता उदाहरण हूँ।

यह 90 के दशक की बात है। उन दिनों मथुरा रिफाइनरी का ठेका मेरे पास हुआ करता था। रोज सुबह शहर के किसी चौराहे पर हाथों में कुदाल या अन्य औजार लिए खड़ी भीड़ पर मुझे बहुत तरस आता था कि आजादी के लगभग सात दशक बीत जाने के बाद भी भारत की बड़ी आबादी काम के अभाव में इस तरह दर-दर की ठोकर खा रही है। लेकिन उस दिन जो मेरे साथ घटित हुआ, उसने अभाव में जी रही भारत की एक बड़ी आबादी के लिए अपवाद का रूप धारण कर लिया। मैं रोज की तरह उस शाम भी काम खत्म होने के बाद अपनी गाड़ी निकाल कर अभी गेट के पास पहुँचने ही वाला था कि चारों तरफ से मेरी गाड़ी पर पत्थरों की बौछार होने लगी। अचानक से एक पत्थर शीशा तोड़ते हुए पिछली सीट पर बैठे मेरे चचेरे भाई के सर पर लगा और खून बहने लगा। अचानक हुए इस हमले से मैं कुछ समझ नहीं पा रहा था कि ये क्या हो रहा है और

क्यूँ हो रहा है। तभी मेरी आँखों के सामने कुछ दिन पहले का वह दृश्य घूम गया जब मेरे यहाँ काम करने वाले ये 'कामगार मजदूर' मुझसे पेपर पर जबर्दस्ती मजदूरी बढ़ाकर लिखवाना चाह रहे थे और जब मैंने इस कुकृत्य उनका साथ ना देने को कहा तो उन्होंने जिस धमकी भरे लहजे में मुझे बोला था, मैं समझ गया कि यह पत्थर फेंकने की घटना उसी का नतीजा है। मेरी समझ में नहीं आ रहा था कि कुकृत्य का साथ न देने का कुफल इतना कड़ा भी हो सकता है। खैर, मैं इस बात से इत्तेफाक रखता हूँ कि 'सत्य परेशान हो सकता है, पराजित नहीं।' मैं अभी इसी उधेड़बुन में था कि देखा सामने से एक आदमी मुझ पर फेंकने के लिए पत्थर लिए दौड़ा आ रहा है। मैंने अपने बचाव के लिए गाड़ी उसकी तरफ मोड़ दी। सामने एक दीवार थी। वो आदमी मेरी गाड़ी और दीवार के बीच आ गया, हालाँकि उसे ज्यादा चोट नहीं आयी थी। इस अफरा-तफरी की घटना को सुनकर रिफाइनरी में ही मौजूद सीआईएसएफ के जवान दौड़े चले आये। चूँकि वे लोग इस घटना के प्रत्यक्षदर्शी थे, अतः आते ही वे उन मजदूरों की धर-पकड़ को दौड़ पड़े। उनमें से कई तो भाग खड़े हुए, लेकिन कुछ जो पकड़ में आये, उन्हें सीआईएसएफ ने रिफाइनरी थाने को सुपुर्द कर दिया। मुझ पर पत्थर फेंकने के आरोप में उन मजदूरों पर मुकदमा दर्ज हुआ। इसके बाद मैं अपने घर के लिए निकल गया। वैसे बहुत पहले से ही मैं इन मजदूरों के व्यवहार से खिन्न था। हुआ ये था कि रिफाइनरी में 40-45 की संख्या में मौजूद ये मजदूर अपनी नौकरी स्थायी कराना चाहते थे। इसके लिए उन्होंने कई बार आन्दोलन भी किया था। तभी जैसे इनकी मुहँमाँगी मुराद मिल गयी थी। 'उच्चतम न्यायालय' ने इनकी अर्जी पर सुनवाई करते हुए यह कहा था कि अभी आप सब को स्थायी तो नहीं किया जा सकता, लेकिन कानून की नजर में एक स्थायी मजदूर पर लागू होने वाले सारे कानूनों का फायदा आपको मिलेगा। तब से ही ये सब मनमाने ढंग से काम करने लगे थे। रिफाइनरी में एक नियम था कि जब भी कोई ठेकेदार तय समय में काम खत्म करके जाने वाला होता था और फिर से कोई नया ठेकेदार आने वाला होता था तो पुराने ठेकेदार के द्वारा नये ठेकेदार को यह लिखित में देना होता था कि वह मजदूरों को क्या मजदूरी दे रहा था। वहाँ के मजदूर इस नियम

का नाजायज फायदा उठाते थे। वे दबाव बनाकर पुराने ठेकेदार से अपनी मजदूरी बढ़ा-चढ़ा कर लिखवा लेते थे, जिससे कि नये ठेकेदार से वे ज्यादा पैसा वसूल सकें। मेरे साथ भी उन्होंने ऐसा ही करना चाहा, लेकिन कितना भी हाथ-पाँव मारने के बाद मुझ पर उनका यह दाँव कामयाब नहीं हुआ।

तभी अन्त में उन्होंने बाहुबल का प्रयोग किया था, जो पत्थर फेंकने के रूप में नजर आया। मुझे अभी घर पहुँचे कुछ ही देर हुई थी कि थाने से फोन आया। पता चला मेरे ऊपर भी मुकदमा दर्ज हुआ है, और रिफाइनरी पुलिस मुझे गिरफ्तार करने आयी है। चूँकि मेरे क्षेत्र के दारोगा मुझे अच्छी तरह से जानते थे, उन्होंने मुझे गिरफ्तार करने आये इंस्पेक्टर साहब को भी यह बात बताई कि ये लोग बड़े ही भले आदमी हैं और ये ऐसा कुछ नहीं कर सकते कि इन्हें गिरफ्तार करना पड़े। इसके बावजूद रिफाइवरी थाने के इंस्पेक्टर के दाँव से मैं हैरान था। मुझे पता चला कि मजदूरों से कुछ पैसे लेकर रिफाइनरी थाने के इंस्पेक्टर साहब ने मेरे खिलाफ ही हत्या के प्रयास का झूठा मुकदमा दायर करा दिया है। मैं समझ नहीं पा रहा था कि जुर्म से कराह रहे आदमी के जख़्मों पर मरहम लगाने वाली पुलिस कैसे इतनी बेरहम हो सकती है कि कुछ पैसे के लालच में एक निर्दोष को दोषी साबित करने पर तुल जाये और वो भी ऐसी संगीन कानूनी धारा में। स्थानीय पुलिस और मजदूर संघ की मिलीभगत को देख कर मैं इस घटना को आलाधिकारी के पास ले गया। उन्हें पूरे घटनाक्रम से अवगत कराया। पुलिस की इस नापाक हरकत को जानकर उन्होंने उस पुलिस अफसर को तलब किया, जिसे कुछ सिक्कों की खनक इतनी भायी थी कि उन्होंने खुशनुमा जिन्दगी बिता रहे एक शरीफ आदमी के चैनो-सुकून का सौदा कर लिया था। खैर, उन्होंने अपने हाकिम के सामने अपनी गलती कुबूल की और मेरे ऊपर लगे सारे निराधार आरोपों को हटा दिया गया।

मुझे तो इंसाफ मिल चुका था, लेकिन मैं सोचने लगा कि अगर मुझसे पहले ही किसी ने मजदूरों के इस कुकृत्य में साथ ना देने की जहमत उठाई होती तो यह मामला शायद यहाँ तक पहुँचता ही नहीं।

वादों की दहलीज पर रिश्वत की वकालत

"अभागे हैं वे जो रिश्वत को समाज विरोधी बताते हैं। अरे रिश्वत तो वह सम्पर्क सूत्र है जो खड़ूस से खड़ूस अफसर को विनम्रता की शैली सिखाता है।" एक सरकारी महकमे के आला अफसर के पीए के कार्यालय में बड़े-बड़े अक्षरों में लिख कर टाँगी गयी यह उक्ति देखकर मैं हैरत में था कि क्या ऐसा भी हो सकता है कि एक सरकारी कार्यालय में भ्रष्टाचार को बढ़ावा देने वाले ऐसे शब्द लिखे जायें। मुझे बार-बार उसकी ओर देखता देखकर पीए साहब ने मुस्कुरा कर पूछा कि भाईसाहब, कुछ गलत है क्या? अब तो मैं वाकई हैरान हो गया। ये तो सरासर गलत है। उसके बाद भी ये पूछ रहे हैं कि गलत लिखा है क्या। उन्होंने बताया कि हमारे जो साहब हैं, वो पेचीदा किस्म के इंसान नहीं हैं। इन सब मामलों में वे बहुत ही साफ आदमी हैं। उन्होंने जिस दिन यहाँ पर कार्यभार सँभाला उसी दिन मुझे बताया कि यहाँ इस गर्मी में इतनी दूर कोई आएगा क्यों? यह कोई दर्शनीय स्थल तो है नहीं! अगर यहाँ कोई आता है तो अवश्य ही किसी जरूरी काम से आएगा। तो फिर उसे कुछ देने में क्या हर्ज हो सकता है भला? अब मैं समझ गया कि यहाँ बिना किसी लाग-लपेट के खुलेआम देना ही पड़ेगा। उस समय दिन के 11 बज रहे थे। उन्होंने मुझसे मेरे कागजातों की जाँच और इस मुद्दे पर अपने साहब से बात करने के लिए तीन बजे तक का समय माँगा। इसलिए मैं उनके कार्यालय से निकलकर चार घंटे के सदुपयोग के लिए कुछ नाश्ता करने चल दिया।

यह 90 के दशक की बात है। उन दिनों मैं पढ़ाई पूरी करने के बाद नौकरी की तलाश में था कि एक दिन समाचार-पत्र में 'सेन्ट्रल

रेलवे' का टेंडर निकला देखा। मैंने समाचार-पत्र से उसे काटा और उसे लेकर उसमें लिखे पते पर चल दिया। वो रेलवे ऑफिस का पता था, जहाँ मुझे पहुँचना था। मैं उस ऑफिस में पहुँचा, वहाँ सम्बन्धित विभाग के अधिकारी के पीए से मेरी मुलाकात हुई, जहाँ खुलेआम रिश्वत को जायज ठहराया जा रहा था।

खैर, नाश्ता करने के बाद मैंने फिर से उनके उसी एसी वाले कार्यालय में प्रवेश किया। समय की पाबन्दी का एक बेहतर नमूना मुझे वहाँ देखने को मिला। पीए साहब अपने हाकिम से मेरे काम की बात करके आ चुके थे। उन्होंने बताया कि आपका काम हो जाएगा बस आपको हमारी माँगें पूरी करनी होंगी। उनका कहना था कि आप हमारी माँग पूरी कर दीजिए, हम आपके काम की गारंटी देते हैं। लेकिन मेरे पूछने पर कि यह तो टेंडर का मामला है, यहाँ तो और भी बहुत से लोग आवेदन देंगे, और जब टेंडर खुलेगा, तो फिर इसकी क्या गारंटी है कि टेंडर मेरे नाम से ही खुले। उन्होंने बताया कि ये हमारी जिम्मेदारी है। हमें आप टेंडर से पहले इतना 'सामान' दे दीजिएगा और फिर टेंडर के बाद इतना सामान। 'सामान' शब्द को ही वे उस ऊपरी आमदनी के लिए इस्तेमाल कर रहे थे। लेकिन मैं सोचने लगा कि जिसके हस्ताक्षर से मेरा काम होना है, उनसे तो मेरी कोई बात ही नहीं हुई अब तक। क्या पता कि ये महाशय अपने स्तर पर ही सारी बातें कर रहे हों और पैसा देने के बाद भी मेरा काम न हो पाय। तब मैंने उनसे कहा कि इस मुद्दे पर बात करने के लिए क्या मैं आपके साहब से मिल सकता हूँ? अवश्य मिल सकते हैं, उन्होंने कहा शाम 6 बजे साहब के आवास पर आ जाइए। मैं वहीं पर रहूँगा। आपकी उनसे बात करा दूँगा। उन्होंने अपने साहब के आवास का पता मुझे बता दिया जो वहाँ से थोड़ी ही दूरी पर था।

मैं तय समय पर वहाँ पहुँचा तो देखा कि पीए साहब पहले से ही मौजूद थे। भ्रष्टाचार की वकालत करते इस महकमे का एक अनिवार्य नियम मुझे अन्य सरकारी तंत्र से अलग नजर आया और वह था समय की पाबन्दी। जो समय मुझे दिया जा रहा था, ठीक नियत समय पर परिणाम भी प्राप्त हो जा रहा था। खैर, पीए साहब मुझे अन्दर ले गये। वहाँ एक सज्जन बैठे थे, जिनके चेहरे पर

दूर से ही आत्मविश्वास और तेज झलक रहा था। यही वह साहब थे जिनसे मुझे मिलना था। उन्होंने मुझे बैठने के लिए कहा। मेरे लिए नाश्ता आया। कुछ देर के लिए कमरे में शान्ति छायी रही, क्योंकि वो साहब कुछ बोल ही नहीं रहे थे। कुछ देर बाद उन्होंने कहा, गर्ग साहब मैंने आपके कागजात देख लिए हैं, आप इस टेंडर के लिए योग्य उम्मीदवार हैं। उन्होंने पीए साहब की तरफ इशारा कर के कहा कि इन्होंने जो कहा है उसे पूरा कर दीजिए आपका काम हो जाएगा। बस इतनी ही बात हुई और साहब वहाँ से उठ कर चल दिए। हम भी बाहर आ गये। अब मुझे यकीन हो गया कि पीए साहब इसी हाकिम के हाथों की कठपुतली हैं। मुझे किसी तरह से इस टेंडर को पाना था, अतः मैंने उनकी माँगों को पूरा कर दिया। तय दिन जब टेंडर खुला तो बहुत सारे लोगों ने बोली लगायी, कई ने मुझसे ज्यादा भी लगायी लेकिन उनके कहे अनुसार मैं काम करता गया और अन्त में जैसा उन्होंने कहा था, टेंडर मुझे ही मिला।

यह घटना संसाधनों से परिपूर्ण लेकिन सम्भावनाओं से विहीन वर्तमान भारत की उस दुर्दशा की जड़ की ओर इशारा करती है कि आखिर क्यों आज आजादी के लगभग सात दशक बाद भी भारत विकास के पथ पर कछुए की चाल से अग्रसर है। यह मानने में कोई गुरेज नहीं कि भारत दुनिया का सबसे युवा देश है। यहाँ की आबादी में एक बड़ा हिस्सा जवान पीढ़ी का है। लेकिन दिन-ब-दिन ढलती जवानी की चिन्ता और परिवार को एक सुखद कल देने की चाहत लिए जब कोई युवक किसी नौकरी-पेशे के लिए किसी कार्यालय में प्रवेश करे और वहाँ उसका सामना ऐसे शब्दों से हो जो निःशब्द रात्रि में भी खुली आँखों से खुशनुमा कल के सपने के साथ अर्जित डिग्री पर हावी होते दिखें तो फिर वह कैसा महसूस करेगा? आज ऐसे ईमानदार लोग बस अपवाद के रूप में रह गये हैं जो काबिलियत और डिग्री के बावजूद घूस देकर नौकरी पाना अपने ज़मीर के खिलाफ मानते हैं। वरना आज तो ऐसे अभिभावकों की कमी नहीं है जो प्रसिद्ध कथाकार मुंशी प्रेमचन्द की कहानी 'नमक का दारोगा' के उस पिता के चरित्र में नजर आते हैं जो नौकरी लगने के बाद अपने बेटे को यही शिक्षा देता है कि 'ऐसा काम

ढूँढ़ना जहाँ कुछ ऊपरी आय हो। मासिक वेतन तो पूर्णमासी का चाँद है, जो एक दिन दिखाई देता है और घटते-घटते लुप्त हो जाता है। ऊपरी आय बहता हुआ स्रोत है जिससे सदैव प्यास बुझती है। वेतन मनुष्य देता है, इसी से उसमें वृद्धि नहीं होती है। ऊपरी आमदनी ईश्वर देता है, इसी से उसकी बरकत होती है।'

उपहार का उपकार

सियासत और हुकूमत से नजदीकी किसे अच्छी नहीं लगती। लेकिन राजनीति हो या नौकरशाही, जब तक आपसे उसको कोई फायदा होता नहीं दिखेगा, आपको अपने पास बैठने भी नहीं देगी। यही कारण है कि एक जमीनी स्तर के आदमी की पहुँच न तो किसी बड़े नेता तक होती है और न ही किसी बड़े अधिकारी तक, क्योंकि उसके पास पैसा नहीं होता। लेकिन जिसके पास पैसा होता है और जो उसमें दिन-ब-दिन और बरकत चाहते हैं, उन्हें इन दो दरवाजों तक दस्तक देनी ही पड़ती है। पैसा कमाना भले ही मकसद न हो, फिर भी एक खास जीवन स्तर के आदमी की यह जरूरत बन जाती है कि उसकी पहचान ऊपर तक हो।

यह बात 1990 के दशक की है, जब मैंने मथुरा रिफाइनरी में काम शुरू किया था। यह देखा गया है कि किसी भी क्षेत्र में बड़े स्तर का काम हो वहाँ राजनीति और पुलिसिया हस्तक्षेप स्वाभाविक है। कुछ समय बाद मुझे भी लगने लगा कि राजनीति और पुलिस प्रशासन में जान-पहचान होना जरूरी है। लेकिन समझ में नहीं आ रहा था कि यह सम्भव कैसे होगा। कोई तो जरिया होना चाहिए जान-पहचान करने का। लेकिन जरिया नजर नहीं आ रहा था। फिर एक दिन मैंने सोचा कि क्यों न जिले के बड़े अधिकारियों को एसी भेंट किया जाए। शायद यही रास्ता बन जाय नजदीकी बढ़ाने का, और मैं उन आला अधिकारियों के जानने वालों की सूची में अपनी मौजूदगी दर्ज कराने में कामयाब हो जाऊँ। यही सोचकर मैंने इस बात को मूर्त रूप देने की दिशा में काम शुरू कर दिया। एक दिन मैंने उन अधिकारियों के

यहाँ एसी भिजवा दिया और इस आशंका के विपरीत कि पता नहीं वे इसे स्वीकार करेंगे भी या नहीं, उन्होंने उसे स्वीकार कर लिया। कहते हैं मौनंम स्वीकृति लक्षणंम, यही बात हुई। मैंने जिस उद्देश्य से यह काम किया था, ठीक उसी के अनुसार अगले कुछ दिनों में मैं उनके चहेतों की सूची में शामिल हो गया। इसका फायदा यह हुआ कि इन अफसरों ने मेरी जान-पहचान अपने आलाधिकारियों से भी करा दी। अब बड़े अफसरों के साथ भी मेरा उठना-बैठना हो गया। बड़े अधिकारियों के पास भी मैं उपहार भेज दिया करता था। घनिष्ठता इतनी बढ़ गयी कि जब भी किसी अधिकारी का स्थानान्तरण होता था तो ये अधिकारी मेरी जान-पहचान नये अधिकारी से करा देते थे।

इस दौरान एक बात जो मैंने अनुभव की वो यह कि इन 25 सालों में केवल पाँच प्रतिशत ही अधिकारी ऐसे मिले, जिन्होंने या तो उपहार लेने से इन्कार कर दिया या अगर लिया तो उसका भुगतान भी किया। जबकि ऐसे लोगों की संख्या काफी है, जिन्होंने खुद तो लिया ही, अपने मिलने वालों के लिए भी पैरवी करने लगे।

पैसा फेंको तमाशा देखो

हम सब तो बचपन से ही यह कहावत सुनते आ रहे हैं कि 'पैसा फेंको तमाशा देखो।' जब तक मैं दुनियादारी से अनभिज्ञ था। तब तक इस कहावत से उस तमाशबीन को ही जोड़ता था जो लोगों द्वारा फेंके गये चंद सिक्कों की एवज़ में खुद को तमाशा बना देता है। लेकिन जब मुझे पैसे की अहमियत का एहसास हुआ और इसके लिए लोगों को किसी भी स्तर तक गिरते देखा तो जाना कि पैसा फेंककर तमाशा देखने वाली यह कहावत तमाशबीन से आगे भी समाज के हर हिस्से में अपनी पहुँच बना चुकी है। आज सच को सच और झूठ को झूठ साबित करने के लिए भी पैसा चाहिए। इसे मानने में कोई शक नहीं होना चाहिए कि 'जिसके पास नहीं है पैसा, उसका जग में जीवन कैसा?'।

मेरी यह कहानी भी कुछ इसी ताने-बाने के आसपास घूमती है, जो मेरे लिए तो लाभकारी सिद्ध हुई। लेकिन समाज की 80 फीसदी उस आबादी के लिए एक चुनौती है, जिसके पास अपने आलाधिकारी को घूस खिलाने का पैसा नहीं है और वह सच्चाई और ईमानदारी के रास्ते पर चलकर न्याय पाने की आस में बैठा है। यह उस समय की बात है जब मथुरा रिफाइनरी के मेन्टेनेन्स का ठेका मेरे पास हुआ करता था। रिफाइनरी से मजदूरों के निष्कासन पर सुप्रीम कोर्ट रोक लगा चुका था और मनमानी मजदूरी वसूलने वाले कागज पर दस्तखत कराने के उनके दबाव को मेरे द्वारा ठुकराए जाने के बाद उन लोगों ने मेरे ऊपर हमला भी किया था। इस कारण से मैं गुस्से में था और किसी भी तरह इनसे निजात पाना चाहता था। इस मुद्दे पर जब मैंने अपने कानूनी सलाहकार से बात की और उनसे पूछा कि क्या सच

में सुप्रीम कोर्ट का ऐसा आदेश है कि ये कुछ भी करते रहें। लेकिन इन्हें नौकरी से निकाला नहीं जा सकता। तो वकील ने कहा कि ऐसी बात नहीं है। इनके खिलाफ भी हर वो कानून लागू होगा जो 'लेबर लॉ' के अन्दर आता है। ये अगर न्यायालय के आदेश का नाजायज फायदा उठा रहे हैं तो इनके ऊपर भी कानून का डंडा चल सकता है। मेरे कानूनी सलाहकार के यह पूछने पर कि आप चाहते क्या हैं, मैंने कहा कि मैं चाहता हूँ कि इन मजदूरों में से उन चार को निष्कासित कर दिया जाए जिनके द्वारा यह पूरी घटना प्रायोजित है। वकील साहब ने बड़े आराम से उत्तर दिया कि इसमें कौनसी बड़ी बात है। हो जाएगा, आपको कुछ पैसे खर्च करने पड़ेंगे। अब मरता क्या न करता, मैं भी उन मजदूरों की कारगुजारियों से तंग आ चुका था और चाहता था कि कैसे भी उन्हें बाहर का रास्ता दिखा दिया जाए। इसलिए मैंने अपने वकील से कहा कि मैं तैयार हूँ, बताइए क्या करना होगा। उन्होंने कहा, ये काम भी न्यायालय ही करेगा लेकिन उससे करवाना पड़ेगा। यहाँ के जो लेबर कमिश्नर हैं उनसे मेरी घनिष्ठता है। वे कुछ लेकर मामले का निर्णय हमारे पक्ष में कर देंगे। अगले ही दिन हम लेबर कमिश्नर साहब के पास पहुँचे। बातचीत से कमिश्नर साहब बड़ी ही खुली प्रवृत्ति के प्रतीत हो रहे थे। उन्होंने पूछा कि कितने मजदूरों को हटाना है, तो मैंने कहा वैसे तो सात मजदूर ऐसे हैं जो शुरू से ही मेरे खिलाफ षड्यंत्र रच रहे हैं लेकिन उनमें से चार ऐसे हैं जो इस काम में कुछ ज्यादा ही संलग्न हैं। कमिश्नर साहब ने कहा सात तो नहीं लेकिन चार मजदूरों को हटाया जा सकता है। उनके खुलकर बात करने का मतलब जल्द ही समझ में आ गया जब उन्होंने चार मजदूरों को हटाने के लिए प्रति मजदूर कुछ रुपयों की माँग की। मुझे लगा कि ये तो ज्यादा है लेकिन फिर बात तय हो गयी। मैंने एडवांस दे दिया। वकील साहब ने कमिश्नर साहब के आदेशानुसार केस तैयार किया। रिफाइनरी में अगली बार जब लेबर कोर्ट लगी तो उसमें हमारे केस को भी डाल दिया गया और तय शर्तों के अनुसार सुनवाई वाले दिन हमारा केस सबसे अन्त में रखा गया। आमतौर पर लेबर कोर्ट का फैसला मजदूरों के पक्ष में ही आता है। उस दिन भी सारे फैसले मजदूरों के पक्ष में ही आये सिवाय मेरे केस के। इस केस की सुनवाई करते हुए लेबर कमिश्नर ने जैसा कि सच

था मजदूरों को सजा सुनाई और उन चारों मजदूरों को नौकरी से निकाल दिया जिनका नाम मैंने उन्हें बताया था। मेरे साथ यह न्याय हुआ था पर अगर मैंने कमिश्नर साहब को अलग से भुगतान नहीं किया होता तो मैं इस न्याय से वंचित रह जाता।

कफ़नचोर देखो कफ़न बेचते हैं

कुछ साल पहले की बात है। रात के लगभग 10 बजे होंगे। पूरे दिन की भागदौड़ के बाद आँखें नींद से बोझिल हुई जा रही थीं कि अचानक मोबाइल बजने लगा। देखा तो एक करीबी रिश्तेदार का नम्बर था। मैं सोच में पड़ गया कि ये तो ऐसे व्यक्ति नहीं हैं जो इतनी रात गये यूँ ही किसी को फोन करें, जरूर कोई बात है। फोन उठाया तो उधर से उनकी भर्राई आवाज सुनाई दी। वे रुक-रुककर और बहुत मुश्किल से बोल पा रहे थे– जैसे किसी गहरे सदमे का शिकार हुए हों। मेरे दिलासा देने पर जब उन्होंने बताना शुरू किया तो जैसे-जैसे उनके शब्द मेरे कानों में जा रहे थे नींद मेरी आँखों से दूर भाग रही थी। जब तक उनकी बात खत्म होती मैं गाड़ी की सीट पर था। थोड़ी ही देर में मेरी गाड़ी दिल्ली-मथुरा हाइवे पर दौड़ रही थी। गन्तव्य पर पहुँचा तो वहाँ फोन करने वाले रिश्तेदार बहुत ही दयनीय दशा में मिले। उन्होंने बताया कि बीच सड़क पर ही अँधेरे में एक ट्रक खड़ा था जिसमें पीछे से आ रही उनके लोगों की कार जा घुसी। कार में बैठे तीन लोगों की मौके पर ही मौत हो गयी थी, केवल एक बच्चा सही-सलामत बचा था। यानी दुर्घटना की पटकथा तो उसी समय लिखी जा चुकी थी जब ट्रक ड्राइवर ने बिना डिपर (या इंडिकेटर) ऑन किए ही ट्रक को सड़क पर खड़ा कर दिया था। लेकिन इस दुर्घटना में रफ्तार के दीवाने लोगों की चूक को भी नजरअंदाज नहीं किया जा सकता था। खैर, जो होना था वो तो हो ही चुका था।

शवों के बारे में पूछने पर उन्होंने बताया कि पुलिस आयी थी और शवों को अपने कब्जे में ले लिया है। मामला थाने पहुँच चुका

है और स्थानीय दारोगा जी शवों के पोस्टमार्टम की बात कर रहे हैं। यह सही था कि गलती ट्रक वाले की थी कि उसने ट्रक को बगैर इंडिकेटर ऑन किए सड़क पर खड़ा किया था, लेकिन टक्कर चूँकि कार ने मारी थी, अतः ये सज्जन नहीं चाहते थे कि केस-मुकदमा करके पुलिस के पचड़े में पड़ें। लेकिन उनके चाहने न चाहने से क्या होना था, पुलिस तो मामले में प्रवेश कर ही चुकी थी। तीन परिवारजनों की एक साथ हुई मौत से टूट चुके व्यक्ति की मजबूरी में उसका मुनाफा बनता था। दारोगा ने जब देखा कि यह आदमी अब पूरी तरह से जाल में फँस चुका है तो उसने इनसे 25000 रुपये की माँग कर दी। वह शख्स जिसके परिवार के तीन चश्मो-चिराग एक साथ बुझ गये थे उसे अब उनकी लाश हासिल करने के लिए 25000 रुपयों का इन्तजाम करना था। यह रुपयों का नहीं इंसानी ज़मीर का सवाल था; जिन्दगी के वजूद का सवाल था। पुलिसवाले लाशें ले जा चुके थे। वह छोटा बच्चा जिसे थोड़ी ही देर पहले नियति ने अनाथ कर दिया था सुबक रहा था और मेरे रिश्तेदार इस मंजर में पूरी तरह बेबस वहाँ मेरा इन्तज़ार कर रहे थे। जब उन्होंने मुझसे पूरा वाकया बयान किया तो मुझे किसी मुशायरे में सुनी ये पंक्तियाँ याद आयी :

'अमनचोर देखा अमन बेचते हैं, कफ़नचोर देखा कफ़न बेचते हैं।
पहरुआ जिन्हें बनाया था अपना, वो देखा अब मृतकों के तन बेचते हैं।'

मैं उन्हें गाड़ी में बैठाकर थाने की ओर चल दिया। ये कैसा देश है जहाँ हर शपथ की पीठ पर एक कपट सवारी कर रहा है। एक पुलिसकर्मी जो वर्दी पहनते समय लोकतंत्र का पवित्र प्रतीक अशोक चक्र अपने सर पर सजाकर यह शपथ लेता है कि वो जनता की सुरक्षा के लिए सदा सजग रहेगा, वही जनता के जख़्मों को दूर करने की बजाय उन्हें कुरेदने लगता है। लानत है लाशों से उगाही करने वाली ऐसी कमाई पर! मेरी आस्था ने ये हमेशा महसूस किया है कि किसी इंसान की आत्मा को रुला कर हासिल की गयी रकम खुशियों की बजाय रुदन ही लेकर आती है। कभी महसूस करके देखो ऐसी खुशी कभी सच्ची नहीं हो सकती, कोई न कोई खलल उसमें जरूर होगा। अगर उस समय उसे महसूस न कर पाए तो देर-सबेर तुम्हें उसे महसूस करना ही पड़ेगा। ऐसा भी नहीं है कि लालच से जुड़ा यह

कोई ऐसा परम रहस्य है जो सिर्फ मुझे ही मालूम हो, तमाम लोग इसे जानते और मानते हैं, लेकिन फिर भी जाने वो क्या है कि मनुष्य सृष्टि के इस मायाजाल में बुराइयों से बाज नहीं आता।

थाने के सामने गाड़ी की ब्रेक लगी तो विचारों का सिलसिला खंडित हुआ। सामने ही लाशें रखी हुई थीं और थाने के बरामदे में दारोगा जी कुर्सी पर बैठे टेबल पर पाँव रखे ऊँघ रहे थे। गाड़ी की आवाज सुनते ही चौकन्ने हुए। शायद वे मेरे रिश्तेदार के ही इन्तजार में बैठे थे। लेकिन ये क्या, हमारे बरामदे में पहुँचने तक स्थितियाँ कुछ इस तेजी से बदलीं कि कब दारोगा जी अपनी कुर्सी से उठकर जीप तक पहुँचे और कब जीप स्टार्ट होकर धूल उड़ाती हुई आगे बढ़ गयी कि मैं उन्हें रोक ही नहीं पाया। माजरा मुझे समझ में आ गया था–दारोगा जी शायद मुझे पहचान गए थे; उन्हें ये बात पता थी कि उस जिले के पुलिस कप्तान से मेरी जान-पहचान है। उन्हें अपने 25000 रुपये पर ग्रहण लगता दिखा तो तुरन्त ही नौ दो ग्यारह हो गये। थाने में मौजूद पुलिसवालों ने– जैसा उन्हें रटाया गया था, बताया कि दारोगा जी गश्त में चले गए हैं। यह भी बताया गया कि वायरलेस खराब है इसलिए उनसे सम्पर्क नहीं किया जा सकता है। अन्त में थक-हार कर आशा की एक ही किरण बची थी जहाँ से इस समस्या का समाधान हो सकता था– पुलिस कप्तान का घर।

रात के 12 बज रहे थे और हम पुलिस कप्तान के आवास के बाहर खड़े थे। पहले तो गार्ड गेट ही नहीं खोल रहा था, लेकिन जब मुझे देखा तो गेट खोल दिया। वो मुझे पहचानता था, जब मैंने उसे आने का प्रयोजन बताया तो थोड़ी आनाकानी के बाद उसने इंटरकॉम पर उन्हें नींद से जगाने की जहमत उठाई। नींद से जागे कप्तान साहब को जब पूरा मामला बताया गया तो अपने जिले की पुलिस की इस अमानवीय करतूत को सुनकर कप्तान साहब भी दंग रह गये। उन्होंने उसी समय सम्बन्धित सीओ को फोन करके थाने पर जाकर लाशों को मुक्त कराने का आदेश दिया। हम जब तक थाने पर पहुँचते सीओ साहब उससे पहले ही वहाँ पहुँच चुके थे। और न जाने कौन-सी दैवी शक्ति ने 'वायरलेस खराब होने के बावजूद' दारोगा जी को भी इसकी सूचना दे दी थी और वे भी वहाँ पर उपस्थित हो चुके थे।

आखिर शव हमें दे दिए गये। लेकिन इस बीच जो कुछ घटित

हुआ वह तीन लोगों की जान लेने वाले हादसे जैसा ही एक हादसा था। उस हादसे ने हमारी संवेदनाओं को लगभग कुचल ही डाला था। अगर आधी रात को नींद से जागकर कप्तान साहब ने कार्रवाई न की होती तो शायद इसकी निर्ममता से हम कभी उबर न पाए होते। धन्य हैं ऐसे कप्तान साहब!

धीरज धरम मित्र अरु नारी...

सत्ता में बैठे लोगों द्वारा दिखाए गये सपने भले ही उड़ान भरने से पहले दम तोड़ जाते हों, लेकिन सियासत के सूरमा अपने परिचित और नजदीकी लोगों को किस तरह से फायदा पहुँचा सकते हैं, यह बताने की बात नहीं है। आम जनता के नजरिए से न सही, लेकिन मानवता के लिहाज से यह कहीं न कहीं सही है, अगर पहचान और पहुँच के चलते किसी जरूरतमन्द का भला हो सके।

मेरे एक मित्र थे, जो उस समय मंत्री थे और तीन महत्त्वपूर्ण विभाग देख रहे थे। हमारी अच्छी बनती थी। जब भी जरूरत हो हम दोनों हमेशा एक-दूसरे के लिए उपलब्ध रहते थे।

एक दिन मैं ऑफिस में बैठा था कि एक फोन आया। फोन मेरे एक घनिष्ठ मित्र का था जो बचपन से ही मेरे साथी थे। उन्होंने बताया कि उनका बेटा बीमार है, जिसका इलाज भारत में सम्भव नहीं है। असल में उनके बेटे के दिल का ऑप्रेशन करना बहुत जरूरी था। भारत उस समय इसके लिए सही जगह नहीं थी। उन्होंने बताया कि कुछ डॉक्टर राय दे रहे हैं कि आप इसे अमेरिका ले कर चले जाइए वहाँ बोस्टन में सभी सुविधाओं से युक्त बहुत अच्छा अस्पताल है, जहाँ इसका सफल ऑप्रेशन किया जा सकता है। वो मित्र चाहते थे कि मैं उनके साथ बोस्टन जाऊँ, क्योंकि उस समय मेरी बुआ जी भी बोस्टन में ही रहती थीं। कहा गया है:

धीरज धर्म मित्र अरु नारी, विपतिकाल परखिये चारी।

मित्र की पहचान विपदा के समय ही होती है। उस समय वो मित्र तकलीफ में थे और जो सहायता मुझसे चाहते थे, वो मैं कर सकता

था। इसलिए मैं तैयार हो गया उनके साथ बोस्टन जाने को। नियत दिन हम वहाँ पहुँच गये, और बच्चे को अस्पताल में भर्ती भी करा दिया। जितना जानकारों ने बताया था और जितने पैसे की जरूरत हमें महसूस हुई थी, उतना हम लेकर गये थे। लेकिन अचानक ऑप्रेशन के समय हमसे वहाँ एक बड़ी संख्या में और अधिक डॉलर जमा करने को कहा गया। यह सुनकर हम सब परेशान हो गये। क्योंकि जितना पैसा डॉलर में वे माँग रहे थे, उतना हम दे नहीं सकते थे और वो भी दूसरे देश में, जहाँ किसी बड़े आदमी से हमारी पहचान भी नहीं थी। बहुत माथा-पच्ची करने के बाद उन मंत्रीजी की याद आयी। आशा की अकेली किरण देखकर हमने उन्हें फोन कर पूरी वस्तुस्थिति से अवगत कराया। पूरी बात सुनने के बाद मंत्री जी ने हमसे हमारा वहाँ का पता पूछा और कहा, 'आप बोलो कि वे ऑप्रेशन की तैयारी करें, पैसा पहुँच जाएगा।' यह बात सुनकर हमें तसल्ली भी हुई और आश्चर्य भी, क्योंकि भारत में बैठा आदमी इतनी जल्दी यहाँ अमेरिका में पैसे की व्यवस्था कैसे कर सकता है। लेकिन मंत्री जी ने विश्वास दिलाया कि पैसे की चिन्ता अब छोड़ दो, पैसा पहुँच जाएगा। हमें आश्चर्य हुआ कि अगले 24 घंटे भी नहीं बीते थे कि एक अमेरिकी आदमी हमारा पता पूछता हुआ आया और हमें उतने डॉलर पकड़ा गया, जितनी सहायता की बात हमने मंत्री जी से कही थी। आज भी उस काम के लिए हम मंत्रीजी के कृतज्ञ हैं, लेकिन आजतक यह पता नहीं चल पाया कि आखिर यह हुआ कैसे?

सपनों की दुनिया और सियासत के सपने

सियासत के गलियारों से अगर आप भली-भाँति वाकिफ हों और सत्ता के समीकरण आपको अपने गणितीय फॉर्मूले में फिट बैठाते हों तो यह कहीं न कहीं आपको भी अपने प्रभाव क्षेत्र से आकर्षित करेगा ही। राजनीतिक दाँव-पेंच से आपकी दूरी भले ही आप पर इस आकर्षण का प्रभाव न पड़ने दे, लेकिन यह दूरी मन में एक कसक जरूर छोड़ जाती है, खास कर उस समय जबकि आपको राजनीतिक परिधि की जरूरत महसूस होती हो।

मेरे एक घनिष्ठ मित्र जो राजनीतिक हलकों में अच्छी जान-पहचान रखते थे, एक दिन मुझसे मिलने आये। बातों का सिलसिला चला तो राजनीति भी इसमें शामिल हो गयी। बातों-बातों में ही उन्होंने कहा चलो आज तुमको एक बड़ी राजनीतिक हस्ती से मिलाता हूँ। उस राजनेता का नाम सुनकर मेरी भी उत्सुकता बढ़ी उनसे मिलने की और मैं अपने उस मित्र के साथ उनसे मिलने को तैयार हो गया। लेकिन उस मित्र से पता चला कि आज उस नेता का जन्मदिन है। एक तो इतने बड़े नेता से पहली मुलाकात और वो भी उनके जन्मदिन पर इसलिए खाली हाथ जाने का कोई सवाल ही नहीं था। नेताजी की हस्ती के हिसाब से हमने एक बड़ी गाड़ी में एक बड़ा-सा गिफ्ट रखवाया और लेकर चल दिए भारतीय राजनीति को अपने निर्णयों से प्रभावित करने वाले उस सियासी शख़्सियत के बँगले की ओर।

वहाँ पहुँचते ही हमें और हमारे गिफ्ट को विशेष बनाने का काम किया उस बड़ी गाड़ी की लम्बाई-चौड़ाई ने। असल में जो गेट घर के भीतर आने-जाने के लिए इस्तेमाल किया जा रहा था, उससे वह

गाड़ी अन्दर नहीं जा पा रही थी। चूँकि नेताजी का आदेश था कि जन्मदिन पर जो भी उपहार मिले, वह उन्हें दिखाया जाए, इसलिए उनके आदेश से बड़ा वाला गेट खुलवाया गया, और उपहार सहित हमारी बड़ी गाड़ी उनकी चारदीवारी के अन्दर दाखिल हुई। हमें और हमारे उपहार को जानकर नेताजी मुझसे बहुत खुश हुए और प्रभावित भी। इस जन्मदिन के बाद उनसे मिलने या बातचीत के लिए मुझे कभी भी मेरे उस मित्र की जरूरत महसूस नहीं हुई, जिन्होंने मेरा परिचय नेताजी से कराया था।

समाज सेवा में तो मैं बहुत पहले से ही संलग्न रहा हूँ और रहता भी हूँ। हमारी भारतीय राजनीति में एक विडम्बना है, वह यह कि यहाँ समाज सेवा को सफल सियासी पारी की शुरुआत का प्रवेश-द्वार समझा जाता है। उस समय मेरी राजनीति में कोई गहरी रुचि नहीं थी। अपने कार्यक्षेत्र को ध्यान में रखकर मैं सियासी सम्पर्क को तवज्जो देता था। लेकिन मेरा समाज सेवा का यह काम मेरे लिए नेताजी की आँखों में एक अलग ही सपना बुन रहा था। देश के एक बड़े राजनीतिक क्षेत्र पर काबिज नेताजी अब दिल्ली क्षेत्र की राजनीति में भी शामिल होना चाह रहे थे। चूँकि मेरा कार्यक्षेत्र दिल्ली ही था और इसके लिए मैं पहले से उनकी नजरों में 'राजनीतिक रौ मैटेरियल' था ही, इसलिए उन्होंने मुझे इसके लिए तैयार करना शुरू किया। लेकिन तमाम कोशिशों और कठिनाइयों के बाद अपने सपनों की मंजिल के रास्ते पर मैं अब अग्रसर था, इसलिए इतनी जल्दी कार्यक्षेत्र में बदलाव नहीं चाहता था। उस समय लालबत्ती गाड़ी, राज्य मंत्री का दर्जा और कई पदों का लालच भी मुझे डिगा नहीं सका और आज मैं अपने सपनों की दुनिया में जी रहा हूँ।

बच्चे बड़े हो गये

कहा जाता है कि देशविरोधी और जनविरोधी सभी कामों का रास्ता राजनीति से होकर गुजरता है। इस बात से किसी को गुरेज हो सकता है, लेकिन 'जा के पैर ना फटी बिवाई सो का जाने पीर पराई।' राजनीतिक शक्तियाँ अपनी जान-पहचान और दोस्ती तक को किसी भी तरह अपने फायदे के लिए इस्तेमाल करती हैं। यह मैं अच्छी तरह से जान चुका हूँ सियासत की बेवफाई को बयाँ करती यह कहानी जो मैं बताने जा रहा हूँ, इसका मैं भुक्तभोगी हूँ।

मेरे एक बहुत ही घनिष्ठ मित्र थे। हम दोनों की दोस्ती बहुत अच्छी थी। मेरे उस दोस्त की दोस्ती सियासी गलियारों के एक नामी राजनीतिज्ञ के साथ थी, जो उस समय मन्त्री थे। वो नेता राजनीति और नौकरशाही दोनों में अपनी पहुँच के लिए जाने जाते थे। वैसे भी इसे भारतीय लोकतन्त्र की अच्छाई कहें या बुराई, लेकिन भारत में सर्वदा से नौकरशाही राजनीति के इर्द-गिर्द ही घूमती रही है। मेरे व्यक्तिगत विचार इसके खिलाफ हैं क्योकि कठिन परिश्रम और लगन की बदौलत मुश्किल प्रतियोगिता पास कर अफसर बना एक आदमी एक अँगूठा छाप नेता की उँगली पर नाचे, यह मुझे पसन्द नहीं। लेकिन मेरे अकेले की पसन्द-नापसन्द से क्या फर्क पड़ता है। यह जम्हूरियत का फैसला है और लोकतन्त्र में उसका ही महत्त्व है। मेरे दोस्त का उस मन्त्री जी के यहाँ रोज का उठना-बैठना था। उस राजनेता के ठाठ-बाट और पहुँच देखकर मेरा भी मन होता था कि मुझे भी इस नेता से नजदीकी बढ़ानी चाहिए। एक दिन मैंने अपने मन की बात को अपने उस परम मित्र के साथ साझा किया। मित्र

के यह कहने पर कि इसमें कौन-सी बड़ी बात है, चलो मैं तुम्हारी जान-पहचान उनसे करा देता हूँ, मैं खुश हो गया। अगले ही दिन मित्र के मार्फत मन्त्री जी से मुलाकात हुई। नेताजी थे बड़े दिलदार आदमी। उनके साथ बातचीत का सिलसिला जो शुरू होता वो कब और कहाँ जा कर खत्म होगा, इसका अनुमान कोई नहीं लगा सकता था। एक दोस्त के जरिए कराई गयी हमारी यह दोस्ती कब घनिष्ठता में बदल गयी, मुझे खुद ही पता नहीं चला। लेकिन इस दोस्ती के अंजाम को देखकर मैं आज भी यह फैसला नहीं कर पाता हूँ कि वो घनिष्ठता सिर्फ मेरे लिए थी या उन नेताजी के लिए भी। उस समय जिस तरह से वो मुझसे पेश आते थे, या जिस तरह से मेरी मुश्किल के समय में उन्होंने मेरी सहायता की थी, उससे तो मुझे नहीं लगता था कि हमारी यह दोस्ती नेताजी के लिए स्वार्थसिद्धि का जरिया है। उस समय भी कभी-कभी मैं सोचा करता था कि इस नेता के सामने तो मैं कुछ भी नहीं हूँ, फिर यह मुझे इतना क्यों मानते हैं?

एक दिन मैं अपने ऑफिस में बैठा था कि नेताजी के बँगले से फोन आया कि नेताजी आपसे मिलना चाहते हैं। यह फोन कोई आश्चर्यजनक घटना नहीं थी, क्योंकि ऐसा कई बार होता था कि नेताजी फोन करके मुझे बुलाते थे। लेकिन आश्चर्यजनक बात यह थीं कि उस दिन जिस तरह से नेताजी के बँगले पर मेरी आवभगत हुई, वह उससे पहले देखने को नहीं मिली थी। मैं जैसे ही उनकी चारदीवारी के अन्दर दाखिल हुआ, सुरक्षा गार्ड ने भी एक अलग अन्दाज में अभिवादन किया। सबसे अलग बात यह थी कि अन्य दिनों जहाँ मेरी गाड़ी अलग खड़ी होती थी, उस दिन उस जगह पर खड़ी हुई जहाँ नेताजी की गाड़ी लगती थी। अपने साथ यह बदला हुआ व्यवहार मेरी कुछ समझ में नहीं आ रहा था। खैर, इसी सोच के साथ मैं अन्दर दाखिल हुआ। भीतर गया तो मन्त्री जी के स्वागत करने का अन्दाज भी कुछ बदला-बदला नजर आया। मन्त्री जी ने कहा आपसे एक बहुत ही जरूरी काम है जो आपके सिवा कोई नहीं कर सकता है। मैं उन्हें प्रश्न भरी नजरों से देखने लगा कि अर्दली और नौकरों से घिरे रहने वाले नेताजी को मुझ जैसे आदमी से ऐसा कौन-सा जरूरी काम आ गया और वो भी ऐसा जिसे मेरे सिवा कोई कर ही नहीं सकता है। नेताजी के मुँह से फूटे अगले बोल ने मेरी

तन्द्रा भंग की। नेताजी ने कहा कि यह एक छोटा-सा सूटकेस है, जिसे इस निर्धारित पते पर पहुँचा देना है। मैं सोच में पड़ गया कि पता नहीं इस सूटकेस में क्या है। यह सूटकेस दोस्ती के बीच दीवार की आधारशिला साबित हो सकता था, लेकिन पुरानी दोस्ती और मन्त्री जी के पद का मान रखते हुए मैं यह काम करने को तैयार हो गया। उन्होंने अपने अर्दली से कह कर सूटकेस मेरी गाड़ी में रखवा दिया। मैंने बुझे मन से नेताजी के बताये पते की तरफ अपनी गाड़ी दौड़ा दी। गन्तव्य पर पहुँच कर मुझे उस आदमी को फोन करना था, जिसे मैं सूटकेस सुपुर्द करने वाला था, क्योंकि वो पता किसी घर या मोहल्ले का नहीं बल्कि एक चौराहे या यों कहें कि एक बाजार का था। वहाँ पहुँच कर मैंने फोन किया। जब वो आदमी मेरे पास आया तो यह साबित करने के लिए कि मैं ही वो हूँ जिससे सूटकेस लेना है, उसने फिर मुझे फोन किया और जब उसे तसल्ली हो गयी, तब मुझे अपने साथ चलने को कहा। लेकिन मुझे तो केवल सूटकेस उसे दे देना था, ये साथ चलने का लफड़ा कहाँ से बीच में टपका। यही सोचकर मैं परेशान हो रहा था और मैंने नेताजी को फोन किया। नेताजी ने जो बात कही उसने मुझे फिर परेशान कर दिया। मुझे उस आदमी को सूटकेस देकर उससे एक छोटा-सा ब्रीफकेस लेकर नेताजी के यहाँ पहुँचाना था। मैं इस पचड़े में उलझता ही जा रहा था, लेकिन अब यहाँ से पीछा भी नहीं छुड़ा सकता था। इसलिए शान्त मन से उस आदमी के पीछे-पीछे चलने लगा। मैं हैरान रह गया यह देखकर कि वो आदमी उस सूटकेस को एक छोटे से कमरे में रख रहा था जो दुकान जैसा दिख रहा था। उसके बाहर शटर लगा था और शटर के बाद भी एक मजबूत दरवाजा था। उस दुकान से उस आदमी ने जो ब्रीफकेस निकाला उसके अलावा उस कमरे में कुछ नहीं दिख रहा था। मैं डरता हुआ ब्रीफकेस लेकर मन्त्री जी के पास पहुँचा, कि पता नहीं इसमें क्या हो। इस घटना के बाद मैंने कई बार मन्त्री जी से पूछा कि उस सूटकेस और ब्रीफकेस में क्या था और उसकी अदला-बदली क्यों हुई। लेकिन हर बार मन्त्री जी बात टाल जाते। अन्तत: एक बार मन्त्री जी ने पहेली के अन्दाज में बताया कि 'बच्चे बड़े होने थे।' यह बात मेरी कुछ समझ में नहीं आयी। पूछने पर मन्त्री जी ने बताया कि यार, अब तक नहीं जानते हो कि बच्चे बड़े होना किसे

कहते हैं। अरे, मैंने जो सूटकेस दिया था, उसमें छोटे नोट थे, और तुम जो ब्रीफकेस लेकर आये उसमें बड़े नोट थे। बस हो गये बच्चे बड़े, अगर उस समय यह बात मुझे मालूम होती तो मैं यह काम नहीं करता। लेकिन 'अब पछताये क्या होत है, जब चिड़िया चुग गयी खेत'। मैंने उसी समय यह सोच लिया कि मैं आइन्दा से बच्चे बड़े करने वाले ये काम कभी नहीं करूँगा।

मन्नत पूरी करने वाली एक दुर्घटना

एक कहावत है कि 'अगर आप किसी चीज को दिल से चाहो तो पूरी कायनात उसे आपका बनाने में लग जाती है।' मेरी जिन्दगी में यह सिर्फ कहावत नहीं है, मैं इसकी सार्थकता का साक्षी भी हूँ।

उस समय 'इयान' न्यू फ्रेंड्स कॉलोनी में सी-766 के सामने वाले भवन की तीसरी मंजिल पर आ चुका था। बच्चों को दी जा रही गुणवत्तापूर्ण शिक्षा और प्रायोगिक जानकारियों के कारण हमारे यहाँ बच्चों की संख्या में दिन-ब-दिन बढ़ोतरी होने लगी थी। लगातार बढ़ रही संख्या ने जगह की कमी की तरफ हमारा ध्यान खींचा, क्योंकि उस समय तक उस भवन की केवल तीसरी मंजिल को हम अध्यापन कार्य के लिए उपयोग में लाते थे। उसी भवन के ग्राउंड फ्लोर से निरुलाज रेस्टोरेंट के लिए होम डिलीवरी का काम होता था और पहली मंजिल पर टायर कम्पनी का सर्विस सेंटर था। इन दोनों से यह जगह खाली कराना हमारे लिए जरूरी था। लेकिन यह काम इतना आसान भी नहीं था। फिर भी हम जुट गये इस काम में और कुछ माथापच्ची और हाथ-पाँव चलाने के बाद हम उन्हें वहाँ से हटाने में कामयाब हो गये। अब हमारे पास पर्याप्त तो नहीं लेकिन कुछ जगह हो गयी थी 'इयान' की शैक्षणिक गतिविधियों के लिए।

लेकिन अब भी एक समस्या जस की तस पड़ी थी, जो 'इयान' के शैक्षिक वातावरण के लिए सबसे बड़ी परेशानी साबित हो रही थी और मैं लाख प्रयास के बाद भी उससे निजात नहीं पा रहा था। 'इयान' के भवन के ठीक सामने जमीन का एक टुकड़ा था जो दो पक्षों की आपसी रंजिश में कूड़ा घर में तब्दील होता जा रहा था। उस

जमीन के बारे में पड़ताल करने पर पता चला कि उस पर निर्माण प्रक्रिया प्रारम्भ हुई थी, लेकिन पड़ोसियों द्वारा पेंच फँसा देने के बाद बेसमेंट का निर्माण तक ही काम हो पाया था। अपने लिए जगह की कमी और सामने पड़ी खाली जमीन को देख कर मन में यह ख़याल आया कि अगर यह मिल गयी तो 'इयान' के लिए जगह की समस्या का स्थायी समाधान हो जाएगा। इस सम्बन्ध में मैंने प्रोपर्टी डीलर से बात की तो उन्होंने कहा कि 'साहब यह विवादित जमीन है, इस पर अदालत में मुकदमा लम्बित है। आप क्यों जान-बूझकर इस लफड़े में फँसना चाहते हैं? ये जमीन जिस महिला की है उनसे आपकी बात नहीं बन पाएगी। कई लोग इस जमीन को पाने के लिए बेताब हैं। वो भी मुँह-माँगी कीमत के साथ लेकिन वो औरत इस जमीन को छोड़ना नहीं चाहती है।' उस जमीन के टुकड़े को पाने के लिए मैंने हर उस दरवाजे पर दस्तक दी, जहाँ से आशा की कोई किरण नजर आ रही थी। लेकिन उस महिला के अड़ियल स्वभाव के कारण हर तरफ से निराशा ही हाथ लगी। अब तो हमेशा की तरह अंतिम आशा ईश्वर से थी कि शायद कोई चमत्कार हो जाय और वह जमीन का टुकड़ा मुझे मिल जाय। एक दिन की बात है, मैं अपनी नयी लाल टोयोटा कार से लाजपत नगर की तरफ जा रहा था। गाड़ी ड्राइवर चला रहा था और मैं पीछे वाली सीट पर बैठा था। तभी पीछे से किसी गाड़ी ने हमारी कार में जोर की टक्कर मारी। ड्राइवर तुरन्त गाड़ी सड़क के किनारे खड़ी कर पीछे वाली गाड़ी के ड्राइवर को फटकार लगाने लगा। तब तक मैं भी गाड़ी के बाहर आ चुका था। मैंने देखा कि वो एक महिला थी। जिनको मेरा ड्राइवर भला-बुरा कह रहा था। मैंने उसे ऐसा करने से मना किया और उसे लेकर अपनी गाड़ी की तरफ आने लगा। हमारी गाड़ी में कुछ नुकसान भी हुआ था, इस कारण मेरे ड्राइवर के गुस्से को जायज जान कर वो महिला अपनी गाड़ी से नीचे उतरी और हमें यह कह कर क्षमा याचना करने लगी कि मेरी गलती से यह दुर्घटना हो गयी है, मैं इसका हर्जाना देने को तैयार हूँ। भीड़ इकट्ठा देखकर पुलिस भी पहुँच गयी और एफ.आई.आर. करने का दबाव बनाने लगी। लेकिन मैं इस मुद्दे को और आगे बढ़ाना नहीं चाहता था, इसलिए मैंने एफ.आई.आर. लिखवाने से मना कर दिया। मेरे इस निर्णय से वो महिला बहुत प्रभावित हुई। उन्होंने मुझे अपना

कार्ड दिया और कभी घर आने का न्योता भी। इस घटना को बीते कुछ ही दिन हुए थे। एक दिन मैं हमेशा की तरह 'इयान' पहुँचा। गाड़ी से उतरते ही मेरा सामना भयानक दुर्गन्ध से हुआ, जिसका एकमात्र कारण सामने का यह जमीन का टुकड़ा था जो अब कूड़ा घर में तब्दील हो चुका था। मैंने वहीं पर सोच लिया कि मुझे अभी और इसी वक्त उस जमीन की मालकिन से मिलना है, क्योंकि अब तक मैं दूसरों की बातों से उनके स्वभाव का अन्दाजा लगा रहा था। शायद वह एक भली औरत निकलें और हमारी बात बन जाय। यही सोचकर मैं प्रोपर्टी डीलर के पास पहुँच कर उस महिला से मिलने की बात की और हम दोनों चल पड़े उस महिला के घर की तरफ। वहाँ पहुँच कर प्रोपर्टी डीलर के घण्टी बजाने पर जिस महिला ने दरवाजा खोला उन्हें देखकर मैं हैरान रह गया, क्योंकि यह वही महिला थी जिन्होंने मेरी गाड़ी में टक्कर मारी थी। मुझे देखते ही वह बोल पड़ी, 'अरे आप, और इनके साथ?' प्रोपर्टी डीलर ने उन्हें बताया, 'इनके बारे में ही मैंने आपसे बात की थी ये ही आपकी जमीन खरीदना चाह रहे हैं।' जिस महिला के बारे में मैंने हर जगह से यही सुना था कि वो बहुत ही कड़क स्वभाव की महिला हैं, उनके मुँह से यह सुनकर मैं दंग रह गया कि 'इन भाई साहब को मैं जमीन बेच सकती हूँ, बशर्ते कि ये जमीन अपने पास ही रखें किसी और को न बेचें।' मैंने उनको जमीन की उपयोगिता के बारे में बताया तब वह तैयार हो गयी। एक समय तय हुआ रजिस्ट्री का और यह भी कि वो खुद पहल कर के उस जमीन से सम्बन्धित सारे विवादों का निपटारा करवा देंगी। नियत समय पर वो जमीन 'इयान' की हो भी गयी। प्रोपर्टी डीलर मेरी उस महिला के साथ हुई पहली ही मुलाकात से दंग थे, उन्हें मैंने पूरे घटनाक्रम से अवगत कराया। आज जब मैं उस जमीन पर बना भवन और बच्चों के भविष्य को रौशन करने में उनकी सहभागिता देखता हूँ तो मन प्रसन्न हो जाता है।

आस्था को मिला माँ का आशीर्वाद

अगर मन में आस्था हो तो हर दिन अपने दर्शन से अभिभूत और आशीर्वाद से पल्लवित करने वाली माँ हमें अपने दर का दीदार करा ही देती है।

यह 'इयान' के शुरुआती दिनों की बात है। एक दिन मुझे पता चला कि हमारे कॉलेज भवन के ठीक पीछे एक पुराना मन्दिर है। मैं बहुत दिनों से ऑफिस आता-जाता था, लेकिन यह पहली बार था जब मुझे उस मन्दिर के बारे में पता चला। मेरी ईश्वर में प्रगाढ़ आस्था है। यही कारण था कि उस मन्दिर के बारे में सुनते ही मुझे उसे देखने की जिज्ञासा हुई। प्रथम दृष्टया तो वह मन्दिर लगता ही नहीं था। जीर्ण-शीर्ण हालत में पहुँच चुका वह मन्दिर अब कुत्ते-बिल्लियों का पनाहगार था। अगर यह हालत थी तो जाहिर सी बात है, वहाँ पूजा भी नहीं होती थी। मैंने अपने स्तर से उसे साफ़ कराया और हर दिन माँ के आशीर्वाद के लिए वहाँ जाने लगा। मेरी इस पहल का असर हुआ और जो लोग मन्दिर में बैठे कुत्तों को देखकर उन्हें भगाते भी नहीं थे, वे ही अब मन्दिर में पूजा भी करने लगे।

यह नवरात्रों से कुछ दिन पहले की बात है। मैंने जैसे ही माँ के दर्शन किये मुझे लगा कि कोई मुझसे कह रहा है, 'तुम इस मन्दिर का पुनर्निर्माण कराओ।' यह बात मेरे मन में घर कर गयी। मैंने ऑफिस आकर यह पता लगवाना शुरू किया कि वो मन्दिर किसका है। बहुत पता लगवाने के बाद भी यह नहीं जान सका कि उस मन्दिर का मालिक कौन है। आस-पास के लोगों की सहमति और सहयोग के बाद मैंने उस मन्दिर का पुनर्निर्माण कराया। मन्दिर का निर्माण कार्य पूरा होने के बाद

वहाँ भव्य जागरण भी हुआ। पास के ही एक पंडित जी से कह कर मैंने वहाँ नियमित पूजा की व्यवस्था करा दी। आज भी जब मैं ऑफिस के लिए गाड़ी से उतरता हूँ तो खुद-ब-खुद पैर उस मन्दिर की ओर चल पड़ते हैं। तब से लेकर आज तक मुझे याद नहीं कि कब मैं बिना माँ का दर्शन किए अपने ऑफिस की सीढ़ियाँ चढ़ा हूँ।

शिक्षक की सार्थकता पर प्रश्नचिह्न

'इयान' के शुरुआती दिनों से ही नामांकन के समय ऐसे बच्चे भी बहुतायत में आते थे जो पत्रकारिता में डिप्लोमा कोर्स करना चाहते थे। पत्रकारिता में डिप्लोमा कोर्स की तरफ विद्यार्थियों का रुझान देखकर हमने अपने कॉलेज में भी 'डिप्लोमा पाठ्यक्रम' शुरू करने का फैसला किया था, जिसकी परीक्षा हम अपने कॉलेज में ही लेते थे और सर्टिफिकेट भी उन्हें दिया जाता था। बाकी दो कोर्स पत्रकारिता में स्नातक और स्नातकोत्तर के लिए विश्वविद्यालय से मान्यता प्राप्त है। यह 2004-05 की बात है। उस समय हमारे यहाँ एक शिक्षक हुआ करते थे। ऐसे तो उस समय बहुत से शिक्षक इयान को अपनी सेवाएँ दे रहे थे लेकिन उन महाशय की कहानी थोड़ी अलग ही थी। उनके बारे में बात करते समय मुझे कुछ पंक्तियों का ध्यान आता है :

> "स्वयं शिष्ट हो दम रखता हो सबको शिष्ट बनाने का,
> क्षय करता हो दानवता का मानवता विकसाने का,
> करता रहता काम निरन्तर छात्र हित सध जाने का,
> ऐसे ही मानव को जग में हक शिक्षक कहलाने का।'

लेकिन जो इन मानकों पर खरा न उतरे उसे क्या कहेंगे, शिक्षा के बाजारीकरण में ऐसे लोग उस सूखी लकड़ियों की तरह काम करते हैं जो एक चिंगारी को पूरे जंगल की आग में तब्दील कर देती हैं। ऐसा ही कुछ उनके साथ भी था। उनके शुरुआती दिनों से ही उनके खिलाफ शिकायतें आती रहती थीं कि बच्चों के साथ उनका व्यवहार ठीक नहीं है। ऐसा भी सुनने में आया कि डिप्लोमा के बच्चों को परीक्षा में अच्छे अंक से पास कराने के लिए वे उनसे पैसे की माँग

किया करते थे। उनके खिलाफ बढ़ती शिकायतों को ध्यान में रखते हुए मैंने उनको 'इयान' से हटाने का निर्णय लिया। उस समय परीक्षाएँ आने वाली थीं। मैंने उन्हें बुलाया और कहा कि 'सर आगामी परीक्षा के बाद हम आपको इयान में नहीं रख पाएँगे, आप अगले सेमेस्टर से मत आइयेगा।' यह बात सुनते ही वे भड़क उठे। लेकिन फिर उन्हें हमारे पद और बात का एहसास हुआ और वे शान्त चित्त का दिखावा करते हुए हमारे कार्यालय से रुख़सत हुए। इस घटना को कुछ ही दिन बीते थे कि एक दिन मेरे पास पुलिस थाने से फोन आया कि आपके खिलाफ एक शिकायत आयी है। यह सुनते ही मैं सकते में आ गया कि थाने में मेरे खिलाफ कैसी शिकायत आ सकती है। अपनी जानकारी में तो मैंने कोई जुर्म किया ही नहीं। लेकिन फोन करने वाले ने बताया कि यह फरेब का मामला है, आपने यूनिवर्सिटी के नाम पर बच्चों का एडमिशन किया और परीक्षा कराई जबकि यूनिवर्सिटी में ऐसे किसी कोर्स की व्यवस्था नहीं है। उन्होंने यह भी बताया कि साक्ष्य के तौर पर शिकायतकर्ता ने यूनिवर्सिटी के नाम की उत्तर पुस्तिका भी शिकायत के साथ संलग्न की है। मैं सोचने लगा कि ऐसा कैसे हो सकता है एक ही तो कोर्स है डिप्लोमा का कोर्स जिसके लिए हमें किसी यूनिवर्सिटी से मान्यता प्राप्त नहीं है। लेकिन नामांकन और परीक्षा तो हम 'इयान' के नाम पर लेते हैं। शिकायतकर्ता का नाम पूछने पर उन्होंने जिस लड़के का नाम बताया, उसे सुनकर मुझे मामले की जड़ का थोड़ा-थोड़ा आभास होने लगा। असल में इस लड़के की नजदीकी उन शिक्षक महोदय से थी, जिन्हें मैंने अपने कॉलेज से निष्कासित किया था। अब तो इस मामले से कैसे भी निपटना था। जब मैंने इस सम्बन्ध में एक दूसरे आदमी के जरिए उस शिक्षक से बात करनी चाही तो उनकी बात सुनकर मेरे होश उड़ गये। इस सम्बन्ध में पूछते ही उन्होंने माँग रखी कि आप मुझे 3 लाख रुपये दे दीजिए तो इस मामले को यहीं पर मैं रफा-दफा कर दूँगा। अब मुझे यह मामला पूरी तरह से समझ में आ चुका था और मैंने भी इसे अंजाम तक पहुँचाने के बारे में सोच लिया। तहकीकात करने आयी पुलिस के सामने मैंने कुछ प्रश्न रखे कि इन प्रश्नों के उत्तर आप ढूँढ़ लीजिए मामला खुद-ब-खुद सुलझ जाएगा। मैंने उन्हें डिप्लोमा वाले 12 बच्चों का अटेंडेंस रजिस्टर दिया और कहा कि इन सबको

बुलाकर आप पूछिए कि क्या उन्होंने डिप्लोमा की परीक्षा यूनिवर्सिटी की उत्तर पुस्तिका पर दी है या 'इयान' की? अगर हमने यूनिवर्सिटी के नाम पर परीक्षा ली है तो फिर सारे बच्चों ने परीक्षा फॉर्म भी भरा होगा, और अगर ऐसा हुआ तो फिर उनके पास भी यूनिवर्सिटी का रोल नम्बर और इनरौलमेंट नम्बर होगा। शिकायत करने वाले बच्चे के साथ-साथ सभी बच्चों से एडमिट कार्ड की माँग की जाय। अगर उनसे यूनिवर्सिटी के नाम पर परीक्षा ली गयी है तो फिर उन्हें परीक्षा सेंटर के बारे में भी पता होना चाहिए। इस पूछताछ में शिकायतकर्ता बच्चा टूट गया और उसने जो सच उगला वह कभी ईश्वर से तुलना किए गये उस गुरु की सार्थकता पर प्रश्नचिह्न खड़ा करता है जो आज अपना महत्व खुद ही भूल गया है।

बच्चे ने बताया कि 'इयान' से निष्कासित किए जाने के बाद सर ने मुझे अपने घर बुलाया और कहने लगे कि गर्ग साहब को किसी तरह से फँसाना है। वे साथ में यूनिवर्सिटी की एक उत्तर पुस्तिका भी लाये थे और कहा कि मैं कुछ प्रश्न देता हूँ, तुम उसके उत्तर इसमें लिख दो और इसी के आधार पर हम गर्ग जी पर फरेब का केस दर्ज कर देंगे। मैं डर रहा था ऐसा करते हुए, लेकिन सर ने कहा कि मैं मीडिया का आदमी हूँ, कुछ नहीं होगा। जब इस केस की खबर गर्ग जी तक पहुँचेगी तो वे जरूर मुझसे बात करेंगे और मैं केस वापस लेने के एवज में उनसे रुपयों की माँग करूँगा जिसमें से कुछ मैं तुमको दे दूँगा। यह कहते हुए वह लड़का जोर-जोर से रोने लगा। जब पुलिस ने उस शिक्षक महोदय को बुलाया तो वे कुछ जवाब नहीं दे पाये। कहते भी तो क्या, उनकी कलई जो खुल गयी थी।

ये कैसे डॉक्टर?

कहा जाता है, आसमानी ईश्वर के बाद धरती पर अगर कोई भगवान है जिसके हाथों में हमारी जिन्दगी है तो वह है डॉक्टर। वही किसी एक भूल के कारण खत्म होने के कगार पर खड़ी जिन्दगी को बचाने की कूवत रखता है। लेकिन अगर वही अपने लालचपन को इंसानी जिन्दगी के ऊपर तरजीह देने लगे तो फिर उसी असल भगवान का सहारा रह जाता है और वही अपने भक्तों को कथित भगवान का तमगा लगाए ऐसे बहुरूपियों के चंगुल से छुड़ाने के लिए चमत्कार दिखाता है।

एक बार की बात है मैं सो रहा था कि पत्नी ने अचानक जगाया। फिर उन्होंने मुझसे जो बात कही, उसे सुनने के बाद पूरी रात नींद नहीं आ सकी। उन्होंने कहा कि उनके भाई का फोन आया था और वो कह रहे थे कि उनके पिताजी यानी मेरे ससुर जी को प्रोस्ट्रेट कैंसर हो गया है और वे मुरादाबाद के एक अस्पताल में भर्ती हैं। कल सुबह ही ऑप्रेशन होना है। मैं परेशान हो गया कि कल तक एकदम स्वस्थ रहने वाले आदमी को अचानक कैंसर जैसी भयानक बीमारी ने कैसे जकड़ लिया। मैंने खुद वहाँ पर बात की और उनसे कहा कि किसी भी तरह ऑप्रेशन में देरी करायें तब तक मैं पहुँच जाऊँगा। अगले दिन सुबह 4 बजे ही मैं मुरादाबाद के लिए निकल पड़ा, और 8 बजे मैं उस अस्पताल में था। वह अस्पताल पहली नजर में ही मुझे इस काबिल नहीं लगा कि वहाँ पर प्रोस्ट्रेट कैंसर का ऑप्रेशन कराया जा सके, अस्पताल में व्यवस्था उस तरह की नहीं थी। वहाँ पर मैंने अपने ससुराल वालों को अपने मन की बात बताई कि मेरा मन यहाँ ऑप्रेशन कराने की इजाजत नहीं दे रहा है। लेकिन वहाँ तो

सब एक सुर में कहने लगे कि हमारे फैमिली डॉक्टर ने यह अस्पताल बताया है और यह मुरादाबाद के सबसे अच्छे अस्पतालों में से एक है। साथ ही जिस डॉक्टर के हाथों ऑप्रेशन होना है वे भी इस मामले में सिद्धहस्त डॉक्टर हैं। वे कई विदेश यात्राएँ भी कर चुके हैं। मैंने सोचा कि विदेश यात्राएँ तो मैंने भी की हैं। विदेश यात्रा करना डॉक्टर होने का प्रमाण तो नहीं है। अभी वो डॉक्टर साहब नहीं आये थे तो मैंने सोचा, उनके जूनियर से बात की जाए। जब मैंने उन डॉक्टर साहब से पूछा कि सर एक बात बताइए इतना बड़ा ऑप्रेशन होना है, भगवान न करे लेकिन अगर ऑप्रेशन के समय कोई इमरजेंसी आ गयी तो उससे निपटने के लिए आप लोगों के पास क्या सुविधा है। मैं दंग रह गया उनका जवाब सुनकर जब उन्होंने तपाक से उत्तर दिया, 'बरेली या दिल्ली'। मैंने सोचा अगर ऑप्रेशन के समय कुछ सीरियस हो गया तो बरेली या दिल्ली ले जाना पड़ेगा इसलिए पहले ही क्यों न हम दिल्ली की राह पकड़ लें। लेकिन सबसे बड़ी दिक्कत यह थी कि वहाँ पर मैं अकेला ऐसा था जो मरीज को दिल्ली ले जाने के पक्ष में था। बाकी सभी लोगों को उस डॉक्टर और अस्पताल पर पूरा विश्वास था। कुछ ही देर में यह विश्वास हकीकत में बदल गया जब मैंने उन लोगों से ससुर जी को दिल्ली ले जाने की बात कही। सबने एक सुर में मेरे प्रस्ताव को रद्द कर दिया। बद्रीनाथ जी में मेरी प्रगाढ़ आस्था है। इस मुश्किल के समय मैंने आँखें बन्द कीं और बद्रीनाथ जी का ध्यान किया। मेरे अन्दर से आवाज आयी कि यहाँ पर इनका ऑप्रेशन कराना खतरे से खाली नहीं है। अब मैं यह पूरी तरह से सोच चुका था कि इन्हें दिल्ली लेकर जाना ही है। मैंने सभी को वहाँ ऑप्रेशन कराने के नफे-नुकसान के बारे में समझाया और फिर दामाद होने के नाते अन्य लोगों ने भी मेरी इस पहल का विरोध नहीं किया। अब तक वहाँ के सीनियर डॉक्टर भी आ चुके थे। मैंने उन्हें अपने इस निर्णय से अवगत कराया। उन्होंने कहा कि मुझे तो नहीं लगता कि मरीज इस हाल में है कि आप उसे आसानी से दिल्ली लेकर जा सकें। उनके शरीर में यूरिन पास करने वाली कैथल लटकी हुई है। कैसे ले जाइएगा?मैंने कहा अगर आप एम्बुलेंस उपलब्ध कर दें तो ठीक है, नहीं तो हम दिल्ली से एम्बुलेंस मँगाएँगे। अन्ततः हम एम्बुलेंस में वहाँ से रवाना हुए। रास्ते में ही मैंने दिल्ली के डॉक्टरों से बात कर

ली और उन्हें स्थिति की गम्भीरता से अवगत कराया। क्योंकि पहले से बात हो चुकी थी, इसलिए वहाँ पहुँचते ही उन्हें एडमिट करा दिया गया। जब डॉक्टरों ने वहाँ की रिपोर्ट और मरीज की हालत देखी तो उन्होंने कहा कि हमें इस रिपोर्ट पर कुछ सन्देह है। हम अपने स्तर से इनकी जाँच कराना चाहेंगे। उन्होंने फिर नये सिरे से जाँच कराई। जब रिपोर्ट सामने आयी तो हम सब स्तब्ध रह गये, सोचने लगे कि, क्या ऐसा भी हो सकता है। हुआ ये था कि पीएसए की जो मात्रा प्रोस्ट्रेट कैंसर की उपस्थिति का निर्धारण करती है, उसे मुरादाबाद की लैब ने गलती से 45 टाइप कर दिया था जबकि वास्तव में वह 4.5 थी। जो किसी भी तरह से कैंसर की उपस्थिति को खारिज कर रही थी। डॉक्टर ने कहा कि मैं दवा दे रहा हूँ, अगले 48 घंटों के बाद इस कैथल की कोई जरूरत नहीं होगी और आपका मरीज पूरी तरह स्वस्थ हो जाएगा। मुझे यह सब किसी चमत्कार से कम नहीं लग रहा था। इस घटना के कुछ दिन बाद ही मैं बद्रीनाथ जी के दर्शन के लिए निकल गया। आज उस घटना को कई साल बीत चुके हैं और मेरे ससुर जी पूरी तरह स्वस्थ जिन्दगी व्यतीत कर रहे हैं। आज भी कभी-कभी ससुराल वालों से यह सुनने को मिल जाता है कि अगर उस दिन आपने जिद नहीं की होती तो पता नहीं क्या हो गया होता, पर मैं इसे आज भी अपने आराध्य देव बद्रीनाथ जी का चमत्कार मानता हूँ।

डर के आगे जीत है

'डर के आगे जीत है' यह फ़िल्मी स्लोगन लगता है, लेकिन यह सिर्फ एक स्लोगन नहीं है बल्कि कार्यरूप में भी इसकी सार्थकता है। मैंने कहीं पढ़ा था कि अगर परेशानी के हाथों परेशान होने से पहले हम उस पर हावी हो गये तो फिर उस परेशानी में वह औकात नहीं कि वह हमें परेशान कर सके।

यह अप्रैल 2006 की बात है। 'इयान' अपने पूरे शबाब पर चल रहा था। बच्चों के परिणाम कॉलेज को दिन-ब-दिन प्रगति के पथ पर अग्रसर कर रहे थे। लेकिन तभी एक ऐसी घटना हुई जिससे एकबारगी तो 'इयान' का भविष्य ही अन्धकारमय नज़र आने लगा। दरअसल हुआ ये कि 'इयान' जिस यूनिवर्सिटी से मान्यता प्राप्त है, उसने अचानक अपने से संलग्न मध्यप्रदेश के बाहर के सभी कॉलेजों की मान्यता रद्द करने का निर्णय लिया। यह निर्णय कुछ उसी खबर जैसा था कि आप बीच समुद्र में जहाज से यात्रा कर रहे हैं और अचानक पता चले कि जहाज का ईंधन खत्म हो गया है। आज के इस प्रतिस्पर्धा के युग में डिग्री एक गेटपास की तरह है, जिसके बिना आदमी को अपनी काबिलियत को सिद्ध करने का मौका नहीं मिलता।

वह 26 अप्रैल का दिन था जब हमें यह फैक्स प्राप्त हुआ कि मध्यप्रदेश के बाहर के सभी संस्थानों के साथ यूनिवर्सिटी ने उच्चतम न्यायालय के एक आदेश का हवाला देते हुए तुरन्त प्रभावी रूप से 'इयान' की भी मान्यता रद्द करने का निर्णय लिया है। हमारी गलती पर अगर हमें कोई मार भी दे तो उतना दुःख नहीं होता, लेकिन बिना गलती के पड़ी हुई डाँट भी असहनीय होती है। यही बात थी, हमने अपने स्तर पर ऐसी कोई गलती की नहीं थी जो यूनिवर्सिटी

के नजरिए से गलत हो। फिर भी हमारे साथ यह व्यवहार क्यों, बात कुछ समझ में नहीं आ रही थी, क्योंकि यह एक व्यक्ति के स्वार्थ से जुड़ा मामला नहीं था बल्कि उन तमाम संस्थानों के अस्तित्व पर सवालिया निशान था जो बच्चों के सपनों को सच करने के लिए सतत प्रयत्नशील थे। मैंने कोई भी कदम बढ़ाने से पहले एक बार खुद से यूनिवर्सिटी में बात करना उचित समझा। वहाँ से भी यही खबर प्राप्त हुई कि सुप्रीम कोर्ट के एक निर्णय के मद्देनजर यह कदम उठाया गया है, और अब यह आदेश वापस भी नहीं लिया जा सकता। बहुत सोच-विचार के बाद मैंने यह निर्णय लिया कि एक जागरूक और न्यायसंगत नागरिक होने के नाते, हमें इसके खिलाफ आवाज उठानी चाहिए। मैने उस आदेश की एक प्रति के साथ वकीलों से इस मुद्दे पर राय लेना उचित समझा। फिर मन में यह ख़याल आया कि क्यों न उस अधिवक्ता से ही भेंट की जाय जो सुप्रीम कोर्ट के उस निर्णय में संलग्न थे, जिसका उल्लेख यूनिवर्सिटी ने अपने आदेश में किया है। बहुत मुश्किल से उस वकील साहब से मिलने का समय मिला। जब मैंने उन्हें पूरे घटनाक्रम से अवगत कराया और उन्होंने उस आदेश की प्रति को ध्यान से पढ़ा तो उसे पूरी तरह गलत करार दिया। फिर उन्होंने यह राय दी कि आप पहले स्थानीय अदालत जबलपुर उच्च न्यायालय में अपील दायर कीजिए। मैंने वकील साहब से लिखित में 'लीगल ओपिनियन' ले ली। उस लीगल ओपिनियन के साथ मैं यूनिवर्सिटी के वी.सी. से मिला। पहले तो वी.सी. साहब थोड़ा चकित हुए, लेकिन उन्होंने निर्णय बदलने में अपनी असमर्थता जताई। एक खास बात यह थी कि यूनिवर्सिटी के इस निर्णय से प्रभावित कोई भी दूसरा कॉलेज इस लड़ाई में उस समय मेरे साथ नहीं था, सिवाय मुम्बई के एक कॉलेज के। वैसे तो शुरुआत में मैं अकेले ही था, लेकिन बाद में मुम्बई वाले कॉलेज का भी साथ मिल गया। यूनिवर्सिटी से कोई सार्थक जवाब न मिलने के बाद अब तो बस एक ही रास्ता बचा था, जबलपुर उच्च न्यायालय में अपील दायर करने का। हमने न्यायालय में अपील दायर की, शैक्षणिक गतिविधियों से सम्बन्धित केस लड़ने वाले एक वकील से बात की। न्यायालय में इस मुद्दे पर एक लम्बी बहस चली और पहली ही सुनवाई में माननीय उच्च न्यायालय ने यूनिवर्सिटी के उस फैसले पर रोक लगा दी। तब से यानी 2006

से लेकर अब तक न्यायालय द्वारा लगाये गये उसी स्टे के सहारे हम यूनिवर्सिटी से संलग्न हैं। आज भी जब मुझे वो घटना याद आती है तो सोचता हूँ कि अगर मैंने यूनिवर्सिटी के उस फैसले का विरोध नहीं किया होता तो क्या आज हम युवा सपनों को सार्थक करने में सफल हो पाते?... शायद नहीं।

ये भारत देश महान का, क्या होगा हिन्दुस्तान का?

भारतीय लोकतान्त्रिक पद्धति की किसी भी व्यवस्था से मात खाया आदमी जब न्याय के मन्दिर में दस्तक देता है, तब वह इस आशा से परिपूर्ण होता है कि देर-सबेर उसे यहाँ से न्याय जरूर मिलेगा। न्यायाधीश अपने सही फैसले से हमेशा न्याय के मन्दिर की मर्यादा बरकरार रखते हैं, लेकिन अगर उनके मातहत काम करने वाला शख्स उनकी नाक के नीचे भ्रष्टाचार को बढ़ावा देने का काम करे तो फिर इसे क्या कहेंगे?

एक विभाग पर केस के सिलसिले में मैं न्यायालय के चक्कर लगा रहा था। कुछ सुनवाई के बाद न्यायालय ने सच का साथ देते हुए उस विभाग पर स्टे लगा दिया। चूँकि उन दिनों गर्मी की छुट्टियाँ होने वाली थीं, अतः मैं जल्द से जल्द न्यायालय से उस स्टे आर्डर का पेपर ले लेना चाहता था। लेकिन उस समय न्यायालय में बहुत भीड़ थी। सभी लोग छुट्टियों से पहले अपना काम करा लेने में व्यस्त थे। इसलिए मेरा काम बन नहीं पा रहा था। मैं इसी भागदौड़ में न्यायालय के चक्कर लगा रहा था कि किसी ने बताया कि वो जज के पास जो अर्दली खड़ा है, उससे मिलिए, अगर वो चाहे तो आपका काम हो सकता है। मैं सोचने लगा कि जज के पास खड़े रहने वाले अर्दली की इतनी पहुँच कैसे हो गयी कि वह एक स्टे आर्डर का पेपर निकलवा सके। लेकिन मैंने सोचा कि इसे भी आजमा लेने में कोई बुराई नहीं है। इसलिए मैंने न्यायालय की कार्यवाही खत्म होने के बाद उससे मुलाकात की। मैं हैरान रह गया यह देखकर कि मेरे यह कहते ही कि मुझे स्टे आर्डर का पेपर निकलवाना है, वह अर्दली ऐसे बोला जैसे कि यह काम उसी का हो और उसके चाहने भर से तुरन्त

हो जाने वाला हो। लेकिन इसके बदले उसने मुझसे कुछ रुपयों की माँग की। मैं तैयार हो गया, क्योंकि बिना इसके मेरा काम होने वाला नहीं था और वह पेपर बहुत जरूरी था। तय समय जब मैं न्यायालय पहुँचा और उससे मिला तो उसने न्यायालय परिसर में ही काम करने वाले एक कर्मचारी का पता बताया कि आप जा कर उससे मिल लें, वहीं पर आपको आपके स्टे आर्डर का पेपर मिल जाएगा, और साथ ही उसे अलग से कुछ पैसे देने के लिए भी कहा। मैं उस कर्मचारी के पास पहुँचा जहाँ पहले से मेरा पेपर तैयार था और जाते ही मिल गया। अब मुझे उस अर्दली को 1000 रुपये देने थे, लेकिन मुझे डर लग रहा था क्योंकि वह जज के ठीक बगल में खड़ा था। वहाँ पर जाकर तो मैं उसे पैसे दे नहीं सकता था। लेकिन दाद देनी होगी उस अर्दली की हिम्मत की जो न्याय की मूर्ति के बगल में खड़ा था लेकिन फिर भी अन्याय की पटकथा लिखने वाले पैसे को उनकी उपस्थिति में ही उसने अपना बना लिया। मुझे आया देखकर उसने इशारों से मुझे अपने पीछे बुलाया। फिर अपनी हथेली को पीछे की तरफ करके इशारे से हथेली में पैसा रखने के लिए कहा। मैंने डरते-डरते पैसा रखा कि कहीं जज साहब देख न लें। लेकिन उस अर्दली के चेहरे पर डर का कोई नामो-निशान नहीं था। इस घटना ने मुझे यह सोचने पर मजबूर कर दिया कि सच में भ्रष्टाचार भारत की रग-रग, नस-नस में रच-बस गया है। यह जज की कुर्सी के पास भी अपनी पहुँच बना चुका है। किसी कवि की यह पंक्तियाँ आज लगभग हर विभाग में चरितार्थ हो रही हैं कि :

'रिश्वत का है दौर-ए-ज़माना हर कोई रिश्वत लेता है
कोई छोटी रिश्वत लेता है कोई मोटी रिश्वत लेता है
इस भारत देश महान का, क्या होगा हिन्दुस्तान का?'

अध्यापन पर हावी 'धन-लोलुपता'

कहा जाता है कि 'गुरु वह होता है जो बच्चों को 'गु' यानी अँधेरे से निकलकर 'रु' यानी प्रकाश की ओर ले जाए। लेकिन वर्तमान समय में बहुत से ऐसे गुरु दिख जाते हैं जो विश्व को ज्ञान का पाठ पढ़ाने वाली धरती भारत भूमि पर ही गुरु नाम की सार्थकता पर प्रश्नचिह्न खड़ा कर रहे हैं। क्या ऐसा भी हो सकता है कि अपनी निजी स्वार्थसिद्धि और अधिकाधिक पाने की चाहत में एक शिक्षक अपने विद्यार्थियों के भविष्य के साथ ही खिलवाड़ करने पर उतर आये? लेकिन आज के इस युग में धन-लोलुपता ने मनुष्य की आँखों पर पट्टी बाँध दी है। वह सब कुछ जानते हुए भी अनभिज्ञ है कि क्या गलत है और क्या सही। शिक्षक का मुख्य उद्देश्य शुरू से ही रास्ता दिखाना रहा है, लेकिन अगर वही शिक्षक विद्यार्थियों को गन्तव्य की ओर ले जाने वाली राह में रोड़े अटकाना शुरू कर दे तो इसे क्या कहेंगे?

ये भी एक ऐसे ही शिक्षक की कहानी है, जिसके बारे में अगर बात न की जाए तो उन शिक्षकों की सूची पूरी नहीं होगी जो अध्यापन के इस पुण्य काम के जरिये भी पाप की गठरी बाँध रहे हैं। अगर इस घटना को छोड़ दें तो विश्वविद्यालय से 'इयान' को मान्यता मिलने के बाद से लेकर अब तक कभी भी ऐसी बात नहीं हुई, जिसके कारण यूनिवर्सिटी को 'इयान' से शिकायत रही हो या हमें यूनिवर्सिटी से शिकायत रही हो। एक बार हुआ यह कि प्रैक्टिकल की परीक्षा में एक साथ 17 बच्चे फेल हो गये। इससे पहले या इसके बाद में अब तक ऐसा नहीं हुआ कि एक खास पेपर में इतने बच्चे एक साथ फेल हो गये हों। इस घटना ने मुझे सोचने पर मजबूर कर दिया कि ऐसा क्या हो गया कि प्रैक्टिकल की परीक्षा में एक साथ इतने बच्चे फेल हो

गये। फेल होने वाले इन बच्चों में ऐसे बच्चे भी बहुत थे जो हमेशा प्रथम श्रेणी से उत्तीर्ण होते थे। अतः चिन्ता वाजिब थी। मैंने खुद सभी बच्चों को बुलाकर पूछा तो सभी का यही जवाब था कि परीक्षा तो बहुत अच्छी गयी थी। इसलिए यह बात गले उतर नहीं रही थी। मैं इसी उधेड़बुन में था, तभी मुझे एक घटना का ध्यान आया जो 17 बच्चों को फेल करने वाली घटना का मूल साबित हो सकती थी।

चूँकि प्रैक्टिकल की परीक्षा के लिए यूनिवर्सिटी से एक निरीक्षक आते थे जिनकी देखरेख में प्रैक्टिकल की परीक्षा और साक्षात्कार दोनों सम्पन्न कराये जाते थे। परीक्षार्थियों के प्रदर्शन का मूल्यांकन भी उन्हीं के हाथों होता था। इन बच्चों की प्रैक्टिकल की परीक्षा के समय भी हमेशा की तरह यूनिवर्सिटी से एक निरीक्षक महोदय आये हुए थे। बच्चों की परीक्षा लेने के बाद जब वे मेरे पास आये तो उन्होंने मुझसे कहा सर, प्रैक्टिकल में बच्चों को जितने नम्बर देने हैं, दे दीजिए और हमें हमारी फीस दे दीजिए। मैंने कहा सर, बात कुछ समझ में नहीं आयी। बच्चों को प्रैक्टिकल का नम्बर देना तो आपका काम है और आपको इस काम का मेहनताना तो यूनिवर्सिटी की तरफ से मिलता है तो फिर बीच में मैं कहाँ से आ गया। फिर वो महाशय कहने लगे 'मैं तो जहाँ भी जाता हूँ इसी तरह से करता हूँ, कॉलेज वाले अपने मन से जिसको जितना नम्बर देना होता है दे देते हैं और मुझे अलग से कुछ पैसे।' मैंने कहा मेरे यहाँ आज तक ऐसा कुछ नहीं हुआ है और आगे भी मैं नहीं चाहूँगा कि मेरे यहाँ बच्चों के भविष्य के साथ खिलवाड़ करने वाला ऐसा काम हो। मेरे इस जवाब को सुनकर निरीक्षक साहब ने वहाँ से चुपचाप निकल लेना ही ठीक समझा।

अब तो कारण स्पष्ट था कि ऊपरी आमदनी न मिल पाने के कारण उस निरीक्षक ने एक साथ 17 बच्चों को फेल कर दिया था। यह केस तो न ही पुनर्मूल्यांकन का था और न ही चुप बैठने वाला। मैंने इस घटना से यूनिवर्सिटी के कुलपति महोद्य को अवगत कराया और उनसे उचित कार्यवाही की माँग की। मैंने उनसे यह भी अनुरोध किया कि आप चाहें तो बच्चों की कॉपियों का अपने स्तर से पुनर्मूल्यांकन करा सकते हैं या हमारे यहाँ के किसी शिक्षक की उपस्थिति में अपने किसी निरीक्षक से

फेल हुए सभी विद्यार्थियों का साक्षात्कार ले कर उनके प्रदर्शन का आकलन कर सकते हैं। यही हुआ भी। वीसी साहब ने एक निरीक्षक को भेज कर फिर से सभी बच्चों का साक्षात्कार लिया, जिसमें लगभग सभी बच्चे उत्तीर्ण हो गये। अब तो साफ था कि ये सब निरीक्षक महोदय का करा-धरा था। यूनिवर्सिटी प्रशासन ने उस शिक्षक पर उचित कार्यवाही की और यूनिवर्सिटी से मान्यता प्राप्त किसी भी कॉलेज में जाकर निरीक्षण करने के काम से उसे सर्वदा के लिए वंचित कर दिया।

चाहे बेटा कितना प्यारा हो, उसे सर पर चढ़ाना नहीं चाहिए

एक पुरानी कहावत है, 'चाहे बेटा कितना प्यारा हो उसे सर पर चढ़ाना नहीं चाहिए और चाहे बेटी कितनी प्यारी हो उसे घर-घर घुमाना नहीं चाहिए।' आधुनिकता का लबादा ओढ़े इस युग ने भले ही इस कहावत पर पर्दा डाल दिया हो, लेकिन आज भी इसकी सार्थकता से इनकार नहीं किया जा सकता। आये दिन ऐसी खबरें समाचार-पत्रों में नजर आ जाती हैं कि बिगड़े बेटे ने माँ-बाप को शर्म से सर झुकाने को विवश किया। लेकिन इन घटनाओं की तह में जाने की जहमत शायद ही कोई अभिभावक उठाता है। बिगड़े बच्चों को अगर उनके माँ-बाप शुरू से ही उनकी हद से वाकिफ करा दें तो शायद अतीत की मौज-मस्ती को भविष्य का तमाशा बनने से रोका जा सकता है।

कुछ ऐसी ही एक घटना उस भयावह स्थिति के कारण आज भी मेरे जेहन में बनी हुई है। इस घटना ने मुझे उस वास्तविकता से रूबरू कराया, जिसे मैं उस समय तक नासमझी मानता था। यह एक बच्चे की कहानी है, एक विद्यार्थी की कहानी है और उससे भी बढ़कर एक ऐसे लड़के की कहानी है जो अपने पिता के पैसे और पहुँच के आगे पूरी दुनिया को तुच्छ समझता था। एक कॉलेज के एमडी के रूप में बीते डेढ़ दशक में यह अकेली ऐसी घटना है, जिसने मुझे इस सच से वाकिफ कराया कि एक विद्यार्थी भी अपने कुकृत्यों से कॉलेज प्रशासन की नींद उड़ा सकता है। पत्रकारिता में स्नातक कोर्स के लिए हमारे कॉलेज में एक विद्यार्थी का नामांकन हुआ था। नामांकन के समय उसके पिता जी जो खुद भी एक पत्रकार थे, बड़ी ही सहृदयता से पेश

आये थे। उस बच्चे की विशेषता भले ही माता-पिता और कॉलेज को गौरवान्वित करने वाली नहीं थी, लेकिन कुछ तो विशेषता थी उसमें, क्योंकि उसका नामांकन दो सांसदों की सिफारिश के बाद हुआ था। कॉलेज में अपने शुरुआती दिनों में ही वह बच्चा अपनी कारगुजारियों से सबकी नजर में आ गया। आये दिन उसकी शिकायतें मेरे पास आने लगीं कि आज उसने इससे झगड़ा किया, आज किसी बात को लेकर इसके साथ मारपीट पर उतर आया। बच्चों के साथ झगड़े में वह यह भूल जाता था कि उसके हाथ में क्या है और उससे वार करने पर सामने वाले का क्या होगा। अपने उग्र रवैये के कारण उसने पूरे कॉलेज में एक तरह से आतंक का माहौल बना दिया था। कई बार मैंने उसे पास बुलाकर समझाया, कॉलेज से निष्कासन की धमकी भी दी, लेकिन पता नहीं क्यों उस पर किसी बात का असर ही नहीं होता था। इस सम्बन्ध में मैंने उसके अभिभावक से भी बात की, लेकिन उसके पिता हर बार यही कहते कि जवान लड़के हैं कॉलेज में यह सब तो बच्चे करते ही हैं। कुछ समय बाद जब उसे पढ़ाई के बोझ का अहसास होगा तो खुद ब खुद सँभल जाएगा। लेकिन यह लड़का था कि सँभलने की बजाय दिन-ब-दिन और भी बिगड़े रूप में नजर आने लगा था। जैसा कि बातचीत और व्यवहार से नजर आता था कि उसे अपने पापा के पैसे, पहुँच और पैरवी का बहुत गुमान था। यह भी एक कारण था उसके बिगड़ैल स्वभाव का। जबकि कई बच्चे उससे लड़ाई में मात खा चुके थे इसलिए सभी उससे निपटने के लिए अब एक साथ उसके विरोध में मुखरित होने लगे। लेकिन जब उसे लगता कि अब वह कमजोर पड़ रहा है तो फोन कर के दूसरे लड़कों को बुला लेता था। तब स्थिति और भयावह हो जाती थी।

एक दिन की बात है, मैं कॉलेज से निकला ही था कि मेरे पास फोन आया। पता चला उस बच्चे ने फिर किसी से भयंकर रूप से लड़ाई की है। मैं गया तो देखा कि स्नातक की पढ़ाई कर रहा लड़का स्नातकोत्तर के एक लड़के को बेल्ट से मार रहा है और चारों ओर लोग खड़े होकर तमाशा देख रहे हैं, लेकिन उसके उग्र रूप के कारण कोई उस झगड़े में दखल देने की हिम्मत नहीं जुटा पा रहा था। उस छात्र से पहले से ही परेशान मैंने जब यह दृश्य देखा तो मुझसे रहा नहीं गया। मैंने आगे बढ़ कर उससे बमुश्किल बेल्ट छीनी।

इसके बाद मैंने उसके पापा को यह सूचित कर कि मैं आपके बेटे को कॉलेज से निष्कासित कर रहा हूँ, मैंने उसे कॉलेज से निकाल दिया।

इस घटना के बाद उसके पापा ने इसे अल्पसंख्यक का मामला बना कर हमारे खिलाफ अखबारों में लिखना शुरू कर दिया। उन्होंने यूजीसी और यूनिवर्सिटी में इस मुद्दे पर हमारे कॉलेज के खिलाफ शिकायत दर्ज कराई कि उनका बेटा एक अल्पसंख्यक है, इसलिए कॉलेज प्रशासन ने उसके साथ ज्यादती की है। मैंने भी सभी को इस घटना की वास्तविकता से अवगत कराने के लिए एक जाँच समिति का गठन कराया और उसका अध्यक्ष एक अल्पसंख्यक को ही बना दिया। इसी बीच एक लड़की ने जिससे उस लड़के की नजदीकी थी कॉलेज प्रशासन के खिलाफ केस कर दिया कि कॉलेज प्रशासन ने उसके साथ बदतमीजी की है। लेकिन जाँच आयोग का परिणाम आने के बाद उस मामले की तमाम वास्तविकता सबके सामने आ गयी। यहाँ तक कि मामला न्यायालय तक भी पहुँचा दिया गया, पर न्यायालय ने भी तथ्यों को सही ठहराते हुए निष्कासन की कार्यवाही पर मोहर लगा दी।

भ्रष्टाचार का दावानल

संस्कृत में एक श्लोक है–

मातृवत परदारेषु परद्रव्येषु लोष्ठवत,
आत्मवत सर्वभूतेषु यः पश्यति सः पण्डितः।

अर्थात 'जो परायी औरत को माता समान देखे, परायी वस्तु को मिट्टी के ढेले के समान तुच्छ समझे, और जो अपने जैसे ही सबको देखे वही विद्वान है।' अगर हम इसमें से विद्वान की उपाधि हटा भी दें तो मानवता यही कहती है कि इस शिक्षा के लिए मनुष्य को किसी उपदेश की जरूरत नहीं है। हर वो इंसान जो सच में इंसानियत की प्रतिमूर्ति है उसके लिए ये बातें, नयी नहीं हैं, क्योंकि मनुष्यता इसी को कहते हैं। लेकिन वर्तमान समाज को देख कर वेद-पुराणों में लिखे ये सारे दोहे और श्लोक निरर्थक सिद्ध हो रहे हैं, क्योंकि आज मनुष्यता से मानवता का लोप हो रहा है और धीरे-धीरे इस पर पशुता हावी होती जा रही है। आजकल ऐसे बहुत से लोग मिल जाएँगे जो ईमानदारी से मिल रहे वेतन के बावजूद सुखी-सम्पन्न जिन्दगी को ऐशो-आराम में तब्दील करने के लिए ऊपरी आमदनी को इतने लालायित रहते हैं कि दूसरों के सुख-चैन का सौदा करने से भी बाज नहीं आते। जेब गरम करने की तलब से तड़प रहे उन अधिकारियों का चेहरा आज भी मेरी आँखों से ओझल नहीं होता है जो पैसे न मिल पाने पर पहले से परेशान एक आदमी को और परेशान करने के सारे उपायों को ईजाद कर देते हैं।

गर्मी का दिन था। मैं अपने ऑफिस में बैठा था कि बाहर कुछ शोर सुनाई दिया, आग लग गयी आग लग गयी। मैं दौड़ा-दौड़ा गया

तो देखा कि हमारे बिजली के मीटर में आग लग गयी थी। जब तक आग पर काबू पाने के उपायों पर विचार किया जाता तब तक आग पास के ही एक पेड़ तक पहुँच चुकी थी। आग ने पेड़ को भी अपनी जद में ले लिया था। चूँकि वह गर्मी का दिन था, इसलिए थोड़ी ही देर में आग की लपटें उफान मारने लगीं। लेकिन हमारे आग बुझाने की तत्परता के आगे आग को घुटने टेकने पड़े। जब तक अग्निशमन विभाग की गाड़ियाँ मौके पर पहुँचतीं आग पर काबू पाया जा चुका था। आग से काफी नुकसान भी हुआ था, लेकिन इसमें किसी की गलती नहीं थी। आग खुद ही बिजली के मीटर में लगी थी। इस घटना को दो दिन ही बीते थे कि स्थानीय पुलिस और अग्निशमन विभाग के कुछ अधिकारी आ धमके और बिना किसी पूर्व शिकायत के फर्जी जाँच में जुट गये। मैंने उनसे पूछा कि सर, हमने तो न ही पुलिस में और न ही अग्निशमन विभाग में कोई शिकायत दर्ज कराई है, क्योंकि इसमें किसी बाहरी आदमी का कोई हाथ नहीं था। यह एक आकस्मिक दुर्घटना थी। फिर ये जाँच-पड़ताल किसलिए। तो उनका जवाब था कि अगर आपने एक विशेष अग्निशामक यंत्र लगाया होता तो यह घटना नहीं होती इसी असावधानी के लिए आप पर केस हो सकता है। मैं उनका इशारा समझ रहा था कि ये क्यों बात को इतना घुमा-फिरा रहे हैं। लेकिन मैं मेहनत की कमाई को भ्रष्टाचारियों के आगे चढ़ावे में लुटाने का आदी नहीं हूँ। मैंने उनसे कहा कि मैं आज ही वह अग्निशामक यंत्र लगवा ले रहा हूँ तो उनका जवाब था कि अग्निशामक वहाँ से ही लगवाओ, जहाँ हम कहते हैं वरना इतना पैसा दे दो। उनके इस जबर्दस्ती के व्यवहार से मैं खिन्न था, क्योंकि एक तो वे सीधे तौर पर डरा-धमका कर रुपया ऐंठना चाहते थे, दूसरा रुपया न देने की सूरत में अपनी बताई जगह से अग्निशामक खरीदने की जिद कर रहे थे। अग्निशामक तो मैं खरीद भी सकता था, लेकिन वे जो दाम बता रहे थे, वह बाजार मूल्य से कई गुणा ज्यादा था। इसलिए मैंने पैसा देने और उनके द्वारा बताई गयी जगह से अग्निशामक खरीदने से साफ़ मना कर दिया। मैंने बाज़ार से अपनी जरूरत के अनुसार वह अग्निशामक यंत्र खरीद कर मँगवा लिया। तभी कुछ दिन बाद पता चला कि उन्होंने मेरे खिलाफ अग्निशामक न रखने की असावधानी का केस करने की तैयारी शुरू

कर दी है। मौके को भाँपते हुए मैं स्थानीय एस.एच.ओ. से मिला। उन्हें पूरे घटनाक्रम से अवगत कराया। फिर एस.एच.ओ. साहब ने पूरे मामले को अपने संज्ञान में लेते हुए समझौता कराने की बात कही। उन्होंने अग्निशमन विभाग के अधिकारियों को बुला कर मामले को रफा-दफा कराया।

ये कैसे मौत के सौदागर?

डॉक्टर, एक ऐसा नाम जिसे सुनते ही किसी भी रोगी के मन में इस आशा का संचार हो जाता है कि अब वह भला-चंगा हो जाएगा। लेकिन लोगों को मौत के मुँह से सुरक्षित निकाल लाने वाले इस बिरादरी के कुछ लोगों की काली करतूतें पूरी डॉक्टर बिरादरी की कार्यशैली और ईमानदारी पर प्रश्नचिह्न खड़ा करती हैं। पैसे के लिए एक मामूली बीमार आदमी को डबल पेसमेकर लगाने वाली वो घटना आज भी मेरे जेहन को झकझोर जाती है, जिसने एक परिवार को बर्बादी के मुहाने पर ला खड़ा किया था। तीन-चार साल पुरानी घटना है। मैं अपने ऑफिस में बैठा कुछ जरूरी काम निबटा रहा था कि मोबाइल पर मेरे एक चचेरे भाई का फोन आया जो आगरा में रहता था। उसने बताया कि उसके बड़े भाई की तबीयत काफी नाजुक है। सुबह अचानक से पेट में तेज दर्द शुरू हुआ है। स्थानीय डॉक्टर ने दिल्ली रेफर कर दिया है। मैंने पूछा डॉक्टर क्या बोल रहे हैं? उसने कहा डॉक्टर बोल रहे हैं कि स्थिति बहुत नाजुक है, जल्द से जल्द ऑप्रेशन कर के डबल पेसमेकर लगाना होगा, आप लोग 10-12 लाख रुपये का इन्तजाम कर लीजिए। यह सुनकर मुझे दु:ख के साथ घोर आश्चर्य भी हुआ कि उस जैसे भले-चंगे व्यक्ति को अचानक ऐसा क्या हो गया कि उसे डबल पेसमेकर लगाने की नौबत आ गयी। यह दुखद खबर सुनने के बाद अचानक मेरी आँखों में उस हँसते खेलते परिवार का दृश्य घूमने लगा, जिसका मुखिया शायद जिन्दगी और मौत की जंग लड़ रहा था। मैं उस हृदयविदारक दृश्य की कल्पना मात्र से काँप गया कि अगर उसे कुछ हो गया तो फिर उन छोटे-छोटे मासूम

बच्चों का क्या होगा?कौन बनेगा उस अबला का सहारा? यही सब सोचते हुये मैं अस्पताल पहुँचा तो देखा कि डॉक्टर एक ही रट लगाये हैं कि बिना पेसमेकर लगे इनकी जिन्दगी नहीं बचाई जा सकती है, जबकि यह बात मेरे गले उतर नहीं रही थी। मैंने सोचा कि इस मुद्दे पर कुछ परिचितों से राय लेनी चाहिए। अपने बहुत से परिचितों से मैंने यह जानना चाहा कि यहाँ ऑपरेशन कराना बेहतर होगा या नहीं। तभी एक मित्र ने राय दी कि एम्स में एक कार्डिओलॉजिस्ट हैं, उनसे बेहतर राय मिल सकती है। किसी नजदीकी के द्वारा हमें रात में ही उनसे मिलने की अनुमति मिल गयी। हम उनके निवास पहुँचे, उन्हें परिस्थिति से अवगत कराया। सब कुछ सुनने के बाद उनका जवाब था, यह मामला उतना गम्भीर तो नहीं लगता कि डबल क्या एक भी पेसमेकर लगाना पड़े। लेकिन फिर भी जब तक मैं खुद नहीं देख लेता, कुछ नहीं बता सकता। हमने मोबाइल से मरीज की बात भी उनसे कराई। बात करने के बाद उन्होंने कहा कि आप मरीज को अपनी कार में भी बैठा कर ला सकते हैं।

हम जब अपने मरीज को लेने अस्पताल पहुँचे तो अस्पताल वालों ने रिलीज करने से साफ मना कर दिया। उन्होंने कहा कि वे सुबह डॉक्टर साहब के आने पर रिलीज करेंगे रात में नहीं कर सकते हैं। अब हमें पेसमेकर लगवाने के लिए जोर देने का कारण साफ नजर आने लगा था। मुझे पता चल गया कि यह इंसानियत पर हावी होती बिना मेहनत जेब भरने की वो तलब है जो मानवता पर पशुता का ऐसा पर्दा डाल देती है जिसके अन्दर मनुष्यता घुटकर मरने को विवश हो जाती है। धरती पर ईश्वर के अवतार का तमगा लगाये ये लोग इतने कठोर कैसे हो जाते हैं कि उस सिन्दूर की कीमत नहीं समझ पाते जिसके बिना एक शादीशुदा औरत विधवा विलाप को विवश हो जाती है। अभाव में भी अपने बेटे को हर तरह के सुख की सौगात देने वाली आँखों से अविरल बहती आँसुओं की धारा भी इनकी मानवता को नहीं सींच सकती है। धरती पर पैर रखने से लेकर अब तक अपनी जिद के सहारे अपनी हर माँग मनवाने वाली तोतली बोली भी इनके कठोर हृदय के कपाट पर दस्तक नहीं दे सकती है। ऐसा क्यों? खैर हमें तो अब किसी भी तरह मरीज को यहाँ से बाहर निकालना था। बहुत अनुनय-विनय के बाद भी जब वे नहीं

माने तो कठोर रुख अपनाना पड़ा। हमने उन्हें पुलिस में शिकायत की धमकी दी, तब जा कर वे तैयार हुए। लेकिन वहाँ पर एक नर्स की करतूत ने मुझे सोचने पर विवश कर दिया कि सती सावित्री की इस पावन धरती पर क्या कोई ऐसी भी महिला हो सकती है जो अपनी स्वार्थ-सिद्धि के लिए किसी महिला की अनभिज्ञता में उसके सुहाग का सौदागर बन जाए। जब हम अन्य डॉक्टरों से मरीज को रिलीज कराने के लिए बात कर रहे थे, ठीक उसी समय वहाँ की एक नर्स मेरे उस बीमार चचेरे भाई की पत्नी के कान भरने पहुँच गयी कि 'आप किसी भी तरह से अपने पति को यहाँ से मत ले जाने दीजिए, नहीं तो इनके साथ होने वाली किसी भी अनहोनी से इंकार नहीं किया जा सकता। ये जो लोग आपके पति को दूसरी जगह ले जाने की बात कर रहे हैं, इनका क्या नुकसान होगा, होगा तो आपका, आप जिन्दगी-भर के लिए खुद को कोसती रह जाएँगी कि मैं उन्हें बचा सकती थी लेकिन बचा नहीं पायी।' हम जब मरीज को ले जाने के लिए पहुँचे तो उसकी पत्नी अचानक जोर-जोर से रोने लगी कि आप लोग इन्हें कहीं लेकर मत जाइए, नहीं तो इनकी जिन्दगी मुश्किल में पड़ जाएगी। मैं अपनी पूरी सम्पत्ति और जेवर बेचकर पैसे देने के लिए तैयार हूँ। हमने उसे समझाया कि वो नर्स केवल कमाई के लिए तुमसे ऐसा कह रही है, और अगर दूसरी जगह ठीक नहीं हुए तो फिर हम यहीं पर लाएँगे।

आज भी ऐसे लोगों की कमी नहीं है जो अपने काम को पूजा समझते हैं और तन-मन-धन से उसमें संलग्न रहें। आखिर उसी रोज आधी रात को जब हम अपने मरीज को उन वरिष्ठ कार्डियोलॉजिस्ट के पास लेकर पहुँचे तो उन्होंने एक बार भी यह नहीं कहा कि मैं रात में मरीज को नहीं देख सकता। उन्होंने मरीज से जरूरी सवालात पूछकर उसे सीढ़ियाँ चढ़ने के लिए कहा जिन्हें वो आसानी से चढ़ गया। कोई दिक्कत नहीं आयी। तब उन्होंने कहा कि 'मुझे आश्चर्य होता है अपने इस काम पर, कि किस गैर-जिम्मेदाराना तरीके से हमारे ही दूसरे डॉक्टर एक ऐसे मरीज के लिए डबल पेसमेकर लगाने की बात कर रहे हैं जो उस स्थिति में नजर भी नहीं आता। लगता है डॉक्टर भाई ने आईएमए के मार्गदर्शन का भी अनुसरण नहीं किया है।' उन्होंने मरीज को एक हॉल्टर लगाया फिर 24 घंटे बाद आने

की बात कह कर छोड़ दिया। जब हम 24 घंटे बाद पहुँचे तो उन्होंने हॉल्टर की रिपोर्ट देखने के बाद कहा ये तो एकदम फिट है कोई चिन्ता की बात नहीं है यह गोली लिख रहा हूँ समय से लेते रहना। अब यह आगरा तक खुद से गाड़ी चला कर जा सकते हैं।

मेरे मन में यह घटना आज भी सिहरन पैदा कर देती है। सोचता हूँ कि निजी पूँजी के लुटेरे हाथों में सौंप दी गयी स्वास्थ्य सेवायें आखिर आम जन को क्या दे पा रही हैं। वह तो सिर्फ़ उनकी लूट की माध्यम हैं।

ये देश की है बीमारी, ये धनवान भिखारी!

अँधेरे घर को रोशन करने की चाहत किसे नहीं होती। लेकिन जब उजाले की इस चाहत को भी भ्रष्टाचार की गंगोत्री खुद में समाहित करना चाहे तो फिर इस लोकतन्त्र में अपने अधिकार को अपना बनाने के लिए लोग किस दरवाजे पर दस्तक दें? बिजली विभाग की इस हरकत ने मुझे सोचने पर विवश कर दिया कि आखिर क्यों आज आम आदमी की ईमानदारी भी उसके अधिकारों पर भारी पड़ रही है। यह साल 2011-2012 की बात है। बिजली विभाग के कर्मचारियों के लगातार दबाव के बाद मैं अपना मीटर बदलवाने के लिए राजी हो गया। बिजली विभाग के कर्मचारियों ने नया मीटर लगा दिया और यह कह कर वे पुराना मीटर साथ लेते गये कि वे इस मीटर का लैबोरेटरी टेस्ट करेंगे, इसलिए ले जा रहे हैं। साथ ही उन्होंने एक दिन मुकर्रर करते हुए कहा कि इस दिन आपके मीटर का लैबोरेटरी टेस्ट होगा और आप अपना कोई आदमी भेज दीजिएगा, ताकि उसके सामने हम टेस्ट कर के बता सकें। तय दिन पर मैंने अपना आदमी भेजा, लेकिन उसे यह कह कर लौटा दिया गया कि आज टेस्ट नहीं हो पाएगा, हम आपको बाद में सूचित करेंगे तब आइएगा। कुछ दिन बाद बीएससीएस के कुछ अधिकारी आये और यह कहा कि हमने आपके पुराने मीटर की जाँच की उसमें कुछ गड़बड़ी उजागर हुई है इसीलिए आपको अभी एक लाख रुपया देना होगा, नहीं तो हम बिजली चोरी का केस बना देंगे। चूँकि मैं हमेशा से समय पर बिल जमा करता आया था, अतः मेरी तरफ से गड़बड़ी का कोई सवाल ही नहीं पैदा होता था। मैंने उनसे कहा कि यह तो एकदम ज्यादती है। मैं ईमानदारी से बिजली का उपयोग और बिल जमा करता हूँ।

मैंने उन्हें पैसा देने से साफ मना कर दिया। वे वापस लौट गये। इस समय किसी कवि की यह पंक्तियाँ मुझे याद आ रही थी:

'इस देश की है बीमारी, ये भूखे भ्रष्टाचारी,
जिस थाली में खाना खाते, ये छेद उसी में करते हैं
लात गरीब के पेट पे मार, घर अपना ये भरते हैं,
इस देश की है बीमारी, ये धनवान भिखारी।'

सच में क्या विडम्बना है, कि फुटपाथ पर बैठा एक गरीब लोगों से माँग कर अपना पेट भरकर भी खुश है, जबकि जनता के पसीने की कमाई से मिले टैक्स के पैसे से वेतन उठाने वाले ये अफसर न जाने किस खुशी की तलाश में रहते हैं कि कितना भी पैसा मिल जाय, जब तक कुछ ऊपरी चढ़ावा इन्हें नहीं मिलता, इन्हें अपने कर्तव्य का ध्यान नहीं आता। इस घटना को अभी कुछ दिन ही बीते थे कि बीएससीएस के कुछ कर्मचारी नये मीटर की रीडिंग करने आए। नये मीटर का अध्ययन करने के बाद उन्होंने इसी मीटर के आधार पर पुराने मीटर का बिल 2,62,000 बताया। यह सुनकर मैं दंग रह गया कि मेरे मीटर में ऐसा क्या हो गया कि पहले जो 30-40 हजार रुपये का बिल आया करता था वह अब 2,62,000 रुपये का आ गया। बहुत भागदौड़ के बाद भी बिजली विभाग से इस समस्या का समाधान नहीं हो पाया तो मैंने न्यायालय का रुख किया। यह मामला आज भी न्यायालय के अधीन है और मुझे आशा है कि न्याय के उस मन्दिर से मुझे इंसाफ जरूर मिलेगा।

सचेत करती हर बुजुर्ग की सदा पूछ रही है

बुजुर्ग है अनुभवों की खान, साए दरख्त के
कथन यही सदियों से हर जुबाँ कह रही है
क्यूँ अपनी काबिलियत पर इठला रहे हो,
सचेत करती हर बुजुर्ग की सदा पूछ रही है

बेईमान लोगों के द्वारा एक वृद्ध और विधवा बुजुर्ग को दर्द देने की बेदर्द कहानी सुनकर मुझे किसी कवि की इन्हीं पंक्तियों का ख़याल आया। कहते हैं कि भारत के पास अगर कोई सबसे बड़ी सम्पदा है तो वो है सभ्यता, संस्कार और परिवार। लेकिन बाहुबल के बूते एक बुजुर्ग की असमर्थता का नाजायज फायदा उठाने की वो कहानी जिसमें उन रहबरों की भी मिलीभगत थी, जो अपने रहजनों की सुरक्षा की शपथ लेते हैं, सुनकर मुझे लगने लगा कि महाकवि इकबाल की इन पंक्तियों की सार्थकता अब खत्म होने वाली है कि:

यूनानो मिस्र, रोमा सब मिट गये जहाँ से,
कुछ बात है कि हस्ती मिटती नहीं हमारी।

यह कुछ साल पहले की बात है। शनिवार का दिन था। मैं जयपुर से दिल्ली आ रहा था। दिल्ली पहुँचने में अभी कुछ समय ही बाकी था कि मोबाइल बज उठा। देखा तो मेरी बुआजी का नम्बर था। फोन उठाया तो कान का सामना हेलो की जगह रुदन से हुआ। मैं ऐसी विरासत का वारिस हूँ, जहाँ बुजुर्गों की सेवा की तुलना ईश्वर भक्ति से की जाती है। उनका रोना सुनकर मेरा मन बहुत दुःखी हुआ। मैंने उन्हें सान्त्वना दी और रोने का कारण पूछा। फिर उन्होंने जो बताया वो सभ्य समाज का तमगा लगाए उन लोगों की मानसिकता पर तमाचा है जो ये तो जानते हैं कि खाली हाथ आये हैं और खाली

हाथ जाएँगे, लेकिन फिर भी न जाने क्यूँ अनुभव की खान कहे जाने वाले एक बुजुर्ग की आत्मा को तड़पा कर अपनी तिजोरी भरने से बाज नहीं आते।

हुआ यूँ था कि बुआजी के चाँदनी चौक दिल्ली स्थित मार्किट की छत पर किसी प्रोपर्टी डीलर ने कब्जा कर लिया था जिसकी कीमत करोड़ों में थी। उस प्रोपर्टी डीलर ने इनका ताला तोड़कर अपना ताला लगा दिया था। जिन्दगी के 75 साल व्यतीत कर चुकी एक औरत, जिसके पास हमसफर बन कर साथ निभाने वाला पति भी नहीं था और बुढ़ापे का सहारा बनने वाला बेटा भी नहीं। उसी के साथ यह हुआ था। आज जब भारत की एक बड़ी आबादी मुश्किल से दो जून की रोटी जुटा पाती है, हम सोच सकते हैं उस महिला पर क्या बीत रही होगी, जिसके पति की मेहनत की कमाई को उनकी अनुपस्थिति में इनकी असमर्थता का फायदा उठा कर ऐंठा जा रहा था। मैंने उनसे कहा कि आपने उनसे पूछा नहीं तो उनका जवाब था कि बेटा, वे बड़े दबंग लोग हैं मैं अकेली उनसे कैसे लड़ सकती हूँ? उनकी यह बात सच भी थी, क्योंकि जिस मानसिकता से मनुष्यता का लोप हो चुका हो, उसे मानवता का पाठ पढ़ाया जाय और वह समझ ले यह मुश्किल था। यह सोचकर मैंने उन्हें समझाया कि इसमें लड़ने की क्या बात है वो आपकी सम्पत्ति है उस पर कोई कैसे अपना हक जमा सकता है आप अगर उनसे नहीं मिल सकतीं तो पुलिस को खबर कीजिए, तब तक मैं भी आता हूँ। मैंने उनकी बेटी यानि अपनी बहन से पुलिस में शिकायत करने को कहा। मैं जब तक वहाँ पहुँचा, पुलिस भी पहुँच चुकी थी। मैं बुआ जी और बहन जी से पुलिस से बात करने को कह कर खुद पीछे खड़ा होकर सब सुनने लगा। जिस भाषा और लहजे में इंस्पेक्टर साहब बात कर रहे थे, उसे सुनकर तो यही प्रतीत हो रहा था कि वो अगर वर्दी में ना होते तो उन्हें देखने-सुनने वाला प्रथम दृष्ट्या यही कहता कि वे उस प्रोपर्टी डीलर के प्रवक्ता हैं। जिस गैर-जिम्मेदाराना सलीके से वे बात कर रहे थे उसे अगर कोई सेनानी सुनता तो उसे अंग्रेजी शासन की याद आ जाती। उनकी बातों से अपना वैचारिक तालमेल बैठाते समय ही उनके एक कटु वचन की मेरे कानों पर दस्तक हुई। इंस्पेक्टर साहब कह रहे थे कि, 'क्या सबूत है कि यह छत आपकी है, अगर आपकी है तो ताला भी

आपका ही होगा और इसकी चाबी भी आपके पास होगी। इसे खोल लो और अगर नहीं खुला तो आपकी छत कैसे हुई?'

अब तक हो रही बातों की श्रवण भेदी बौछार को सुनकर भी मैं शान्त था, लेकिन इस बात को सुनने के बाद मैं अपने कदम नहीं रोक सका। मैंने जाकर इंस्पेक्टर साहब से कहा कि 'अगर इनकी जगह मैं होता तो आप मेरे साथ भी ऐसा ही सलूक करते? एक वृद्ध महिला जिसके घर की छत पर किसी दबंग ने कब्जा कर लिया है और उसके आगे-पीछे घूमने वाले दो-चार आदमी नहीं हैं तो आप अपनी कर्तव्यनिष्ठा से भाग कर उल्टा इन्हें ही सबक सिखा रहे हैं।' मेरे इस अप्रत्याशित आगमन से अनभिज्ञ इंस्पेक्टर साहब एकटक मुझे निहारने लगे कि ये कौन आ गया? उनके चौंकने का कारण भी था, क्योंकि आज भले ही हम एक स्वतन्त्र देश के नागरिक हों लेकिन हमारी मानसिकता आज भी गुलाम है। यह गुलाम है उस गैर की मानसिकता का जो किसी पर होते जुल्म को देखकर हमारे बढ़ते कदमों को रोकती है कि अरे, वो गैर है उसके लिए हम पचड़े में क्यों पड़ें। किसी महान दार्शनिक की यह पंक्ति यहाँ पर सटीक बैठती है कि 'जुल्म इसलिए नहीं बढ़े हैं, क्योंकि जुल्म करने वाले बढ़ गए हैं बल्कि इसलिए बढ़े हैं क्योंकि जुल्म सहने वाले बढ़ गये हैं।' उस प्रोपर्टी डीलर की भी मानसिकता यही थी कि उस बुजुर्ग औरत के आगे-पीछे तो कोई है नहीं, मैं कब्जा करूँगा तो वह शायद उसका प्रतिकार भी न करें। लेकिन जैसा कि आभास हो रहा था उस प्रोपर्टी डीलर के दूत की भूमिका में नजर आने वाले इंस्पेक्टर साहब अब मेरे बारे में जानने को बेचैन दिखने लगे कि ये कौन है और कहाँ से आ गया?मेरे यह कहने पर कि मेरे बारे में जानना छोड़िए और इस असहाय वृद्ध महिला के लिए इंसाफ का रास्ता अख्तियार कीजिए। इंस्पेक्टर साहब कुछ नरम होते दिखे और खुद ही न्यायधीश की भूमिका में बोले, ठीक है, सोमवार को आ जाइएगा। मैं समझौता करा दूँगा।

समझौते की बात सुनकर मेरा पारा सातवें आसमान पर पहुँच गया। मैंने उनसे पूछा किस समझौते की बात कर रहे हैं, आप? अपने घर में घुसने के लिए समझौते की क्या जरूरत है? अब मुझे लगने लगा कि इस घटना को इंस्पेक्टर साहब के हाकिम तक पहुँचाना ही होगा। मैंने तुरन्त ही डीसीपी साहिबा को फोन लगाकर उन्हें पूरे घटनाक्रम

से अवगत कराया। ऐसी घटना और फिर पुलिस की गैर-जिम्मेदाराना हरकत को सुनकर वो भी दंग रह गयीं। उनके कहने पर मैं फोन इंस्पेक्टर साहब को देने गया। पहले तो इंस्पेक्टर साहब झल्लाए कि ये कौन है मुझे बात नहीं करनी। लेकिन मेरे अनुरोध पर कि बात तो कीजिए उन्होंने फोन ले लिया और अपने सभी कृत्यों पर पर्दा डालते हुए कहने लगे कि यह घटना अभी सामने आयी है। वहाँ पर कोई ताला नहीं लगा है, लेकिन फिर भी मैं अपने स्तर से जाँच कर ले रहा हूँ। फोन काटने के बाद इंस्पेक्टर साहब हमें कुछ देर बैठने को बोलकर कहीं निकल गये। थोड़ी देर बाद आये तो कुछ चौंकाने वाली बातों के साथ कि आपके घर की छत पर तो कोई ताला नहीं लगा हुआ है। वो तो खुला है। यह बात सुनकर हम भी भागे-भागे घर के पास गये तो सच में दरवाजा खुला हुआ था। जिस ताले ने कुछ देर पहले मामले को यहाँ तक पहुँचा दिया उसका कहीं नामो-निशान भी नहीं था। वैसे तो हम पूरा माजरा समझ गये लेकिन अपने मतलब का काम हो गया था। घर में प्रवेश करते समय बुआ जी के होंठों पर मुस्कान देख कर मन को सुकून हुआ, क्योंकि मैंने अपनी विरासत और भारतीय सभ्यता-संस्कृति में बुजुर्गों की सेवा और सम्मान की बात को अक्षुण्ण बनाये रखने का काम किया था।

हर शाख पे उल्लू बैठा है अंजाम-ए-गुलिस्ताँ क्या होगा

आये दिन किसी न किसी मामले में पुलिसिया कार्यवाही पर प्रश्नचिह्न खड़े होते रहते हैं, जिनमें से एक बड़ी संख्या उन मामलों की होती है, जिसमें सच में पुलिस कठघरे में खड़ी दिखती है। ऐसी बात नहीं है कि पूरा पुलिस विभाग ही इस तरह के कार्यों में संलग्न रहता है, लेकिन इस बात से भी इंकार नहीं किया जा सकता कि आज भी आम आदमी की हिफाजत के लिए सड़क पर खड़ा एक वर्दीधारी अपने मूल उद्देश्य से भटक कर लक्ष्मी अर्जन पर ही ध्यान केन्द्रित कर देता है, भले ही वो कैसा भी मामला क्यों न हो।

दिल्ली एनसीआर तो ट्रैफिक जाम के लिए वैसे ही बदनाम है। लेकिन इस पर भी अगर ट्रैफिक पुलिस परेशान करने पर उतर आये तो फिर आम आदमी क्या करे? एक दिन मैं यमुना एक्सप्रेस वे द्वारा मथुरा से दिल्ली आ रहा था, कि रास्ते में देखा आगे लम्बा जाम लगा हुआ था। शायद किसी गाड़ी का एक्सीडेंट हो गया था। जाम में फँसे सभी लोग जाम से निकलने का रास्ता ढूँढ़ने में लगे थे और बहुत से लोग खेतों में गाड़ियाँ उतार कर गाँव के रास्ते दिल्ली जाने की जल्दी में थे। मैंने भी यही रास्ता अपनाया और एक गाँव के बीचोबीच से होकर एक्सप्रेस वे पर आ गया। जाम में फँसने और गाँव से होकर आने में 40-50 मिनट का समय ज्यादा लगा जिसकी भरपाई के लिए गाड़ी ने थोड़ी रफ्तार पकड़ी।

अभी लगभग दो किमी ही चले थे कि ट्रैफिक पुलिस ने गाड़ी रुकवाई और हाई स्पीड का चालान थमाने लगे। मुझे बहुत गुस्सा

आया, क्योंकि जिस एक्सीडेंट के कारण लगे जाम में जरूरतमन्द लोग 1-2 घंटे से फँसे थे, वहाँ तो पुलिस नदारद थी और यहाँ बीच रास्ते पर लोगों को परेशान करने के लिए पुलिस खड़ी हो गयी थी। मैंने उस ट्रैफिक पुलिस को बहुत भला-बुरा कहा कि आपको जहाँ होना चाहिए वहाँ तो हैं नहीं और यहाँ पर अपनी वर्दी की धौंस दिखाकर उगाही करने चले आये हैं। जो किसी बहुत ही जरूरी काम से निकला हो और जिसका 1-2 घंटे का कीमती समय जाम में बर्बाद हो गया हो वह तो जल्दी में अपने गन्तव्य तक पहुँचना ही चाहेगा। लेकिन ट्रैफिक पुलिस की पैसे ऐंठने की जबरदस्ती पर मेरी किसी बात का असर न होता देख मैंने नोएडा के एसएसपी से बात की और उन्हें पूरा मामला समझाया। एसएसपी महोदय ने भी उन पुलिस वालों को समझाया, तब जाकर उन्होंने हमें जाने दिया।

पानी को भी समेटती भ्रष्टाचार की गंगोत्री

रोजमर्रा की जिन्दगी में आदमी की प्यास शान्त करने का जल ही एक ऐसा जरिया है, जिसे पाने के लिए जीवों को किसी जहमत की जरूरत नहीं पड़ती। लेकिन क्या सितम है कि माँ गंगा की इस पावन भेंट को भी अपने जमीर की सौदेबाजी करने वाले कुछ लोग अपनी खुशनुमा जिन्दगी को ऐशो-आराम में तब्दील करने की तलब में भ्रष्टाचार की गंगोत्री में शामिल करना चाहते हैं। हर धर्म के पवित्र गंन्थ कहते हैं कि प्यासे को पानी पिलाने से पुण्य की प्राप्ति होती है। लेकिन नापाक इरादों के आगे नतमस्तक वो नामुराद आग में झुलस रहे फुटपाथ पर पड़े गरीबों के लबों पर भी मुस्कान लाने वाले पानी के जरिए भी अपना जमीर बेचने से बाज नहीं आते, वो क्या जानें पुण्य क्या होता है।

पानी के जरिए भी उगाही करने वाले इन नापाक लोगों के इरादों से मेरा सामना कुछ साल पहले हुआ, जब मेरे ऑफिस के पानी का बिल 76 हजार रुपये आया। पहले तो बिल को देखकर मेरे होश उड़ गये सोचा कि एक संयुक्त परिवार के पानी का बिल अगर इतना आ जाए तो दाल में कुछ काला होने का आभास हो जाता है, जबकि मेरे छोटे से ऑफिस का इतना ज्यादा बिल आने का कोई औचित्य ही नहीं है। यहाँ पानी का उपयोग न तो नहाने में होता है और न ही कपड़े धोने में, और हमारे यहाँ कोई ऐसा असामान्य आदमी भी नहीं रहता जो एक बार में कई लीटर पानी पी जाए। मैं इसी उधेड़बुन में था कि मेरी आँखों के सामने एक साल पहले का वो वाकया घूम गया, जब हमारे यहाँ पानी के बिल की रीडिंग करने आये जल बोर्ड

के एक कर्मचारी ने मुझसे कहा था कि आप अगर मुझे अलग से कुछ पैसे दें, तो मैं आपके बिल की रीडिंग कम करके दिखा सकता हूँ।

हम तो अपने जमीर और उसूलों पर कायम रहकर जिन्दगी जीने वाले लोग हैं। मैंने देश के साथ नमकहरामी के उसके इस काम में शरीक होने से सीधे मना कर दिया। ये तो ऑफिस के बिल की बात थी जो सामान्य आता था, लेकिन अगर यह मेरे घर की बात भी होती तो मैं भी उसे यही जवाब देता। खैर, अब तो इस परेशानी से निजात पानी थी। अतः मैंने दिल्ली जल बोर्ड में इसकी शिकायत की। मुझे आशा थी कि यहाँ से मेरी समस्या का समाधान हो जाएगा। लेकिन जलबोर्ड के अधिकारियों के आदेश पर सम्बन्धित कर्मचारी ने मेरे बढ़े बिल का कारण बताया जो मैं सोच में पड़ गया कि ऊपरी चढ़ावा न देने के एवज में किसी को परेशान करने का क्या खूब तरीका ईजाद किया गया है। उन्होंने जो फर्जी रिपोर्ट मुझे और जलबोर्ड के इंस्पेक्टर साहब को दिखलाई, उन निराधार कारणों को देख कर तो मुझे विश्वास ही नहीं हो रहा था कि ये कर्मचारी केवल कुछ पैसों के लिए इतनी नीचता दिखा सकते हैं। उन्होंने जो रिपोर्ट सौंपी उसमें मेरे बढ़े हुए बिल का कारण यह बताया गया था कि मेरे पानी का मीटर लॉक है, जिस कारण पिछले 1 साल का बिल एक साथ जोड़कर भेजा गया है। जबकि हकीकत यह थी कि मेरा मीटर लॉक ही नहीं था। उसे कोई भी देख सकता है और दूसरी बात कि मैं हमेशा समय पर अपना बिल जमा करता आया हूँ। दूसरा कारण उन्होंने यह बताया कि मेरे यहाँ बूस्टर पंप लगा हुआ है, जबकि आज तक मुझे ही नहीं पता कि मेरे यहाँ बूस्टर पंप कहाँ लगा है? तीसरा सबसे हास्यास्पद कारण उन्होंने यह बताया कि मेरे मीटर की सील तोड़ दी गयी है, जबकि वास्तविकता इससे परे है। मैंने इंस्पेक्टर साहब से कहा कि हकीकत तो यह है कि इन सभी कारणों में से कोई भी कारण मुझे मेरे यहाँ नहीं दिख रहा है, जिसके चलते यह 76 हजार रुपये का बिल मुझे देना पड़े। तब इंस्पेक्टर साहब ने अपने स्तर से इसकी जाँच कराई, जिसमें उन नामुरादों के नापाक इरादे खुलकर सामने आये। जलबोर्ड के अधिकारियों ने उन पर कार्रवाही की और मेरे बढ़े हुए बिल को सामान्य कर दिया गया।

कैसे कटे वे 36 घंटे

पूरी श्रद्धा और ईमानदारी के साथ हम भगवान के काम में लगे हों और इसमें भगवान हमारा साथ न दे, यह हो ही नहीं सकता। ईश्वर की राह पर सच्चे मन से जाने वाला कभी खाली लौट ही नहीं सकता। लेकिन यह भी सच है कि समय-समय पर भगवान अपने भक्तों की परीक्षा लेते रहते हैं। कुछ ऐसी ही परीक्षा मेरे साथ भी हुई थी, जिसमें मेरे इष्ट देव ने मुझे उस संकट से उबार लिया, और मैं खुद को उस परीक्षा में पास मानता हूँ।

श्री बद्रीनाथ जी में मेरी प्रगाढ़ श्रद्धा है। मैं समय-समय पर वहाँ दर्शन के लिए जाता रहता हूँ। बद्रीनाथधाम जी से ऊपर लगभग 20 कि.मी. की दूरी पर एक जगह है 'सतोपंत' एवं उससे 3 कि.मी. आगे 'स्वर्गारोहिणी' है। ऐसी मान्यता है कि यहीं से धर्मराज युधिष्ठिर सशरीर स्वर्ग को गये थे। प्रकृति की अनुपम छटाओं से परिपूर्ण यह स्थान इतना मनोरम है कि दुर्गम रास्ता होने के बावजूद बड़ी संख्या में भक्त यहाँ दर्शन के लिए आते रहते हैं। बद्रीनाथ जी से 3-4 किमी की दूरी पर स्थित है माणा गाँव, जहाँ से 'स्वर्गारोहिणी-सतोपंत' का रास्ता शुरू होता है। बद्रीनाथ धाम पहुँचने वाले यात्रियों में से कई यात्री 'सतोपंत' एवं 'स्वर्गारोहिणी' की यात्रा करना चाहते हैं। लेकिन दुर्गम रास्ते का ख़याल आते ही अधिकतर यात्री अपनी इच्छा दबा लेते हैं।

'स्वर्गारोहिणी'का दर्शन करने की इच्छा रखने वालों की एक बड़ी संख्या है। लेकिन कठिन रास्ते के डर से यात्रा पर जाने वालों की एक छोटी संख्या ने मुझे इस ओर प्रेरित किया कि क्यों न एक ऐसी कम्पनी बनाई जाय जो लोगों को 'स्वर्गारोहिणी-सतोपंत' के दर्शन

कराए। जल्द ही मैंने अपनी इस सोच को मूर्त रूप देने की कोशिश शुरू कर दी। मैंने स्थानीय गड़ेरियों से सम्पर्क किया, जिन्हें वहाँ के पर्वतीय रास्तों का पूरा ज्ञान था। कुछ गड़ेरियों, कुछ स्थानीय गाइड और कुछ अपने आदमियों को मिलाकर मैंने एक टीम बनायी। और एक कम्पनी खोली 'स्वर्गारोहिणी यात्रा प्रा. लि.'। चूँकि रास्ता कठिन था और पर्वतीय इलाकों में छोटी-सी दूरी भी थकान पैदा कर देती है, साथ ही उधर के मौसम का भी कोई ठिकाना नहीं रहता है, कि वो कब अपना रूप बदल ले, यही सब सोचकर सरकार से अनुमति लेकर हमारी कम्पनी ने पूरे रास्ते में एक नियत दूरी के अन्तराल पर अपने टेंट लगवाये, जहाँ यात्रियों के ठहरने और आराम करने का पूरा प्रबन्ध था। टीम और उसके साथ गये यात्रियों के पल-पल की खबर के लिए हर टेंट में टीम के साथ वायरलेस की व्यवस्था की गयी। अब हमारी कम्पनी अपनी पहली यात्रा के लिए तैयार थी। जब व्यवस्था पूरी तरह से चाक-चौबन्द हो गयी तो हमने पहली टीम तैयार की, जिसमें दर्शनार्थियों को मिलाकर कुल 19 लोग थे। चूँकि रास्ता कठिन था और मौसम का कोई ठिकाना नहीं, इसलिए लोगों से कम्पनी का जो फॉर्म भरवाया जाता था, उसमें इस बात की भी स्वीकृति ली जाती थी कि वे यह यात्रा खुद अपने रिस्क पर कर रहे हैं। पहली टीम गयी और सफलतापूर्वक बिना किसी परेशानी के यात्रा कर के सकुशल वापस आ गयी। अब हमारी दूसरी टीम जाने को तैयार थी, जिसमें हमारे लोगों सहित कुल 26 आदमी थे। यह टीम सुबह साढ़े आठ बजे रवाना हुई थी और इनके पहले कैम्प तक पहुँचने का समय हुआ ही था कि यह खबर मिली कि उसी क्षेत्र में बादल फट गया है। अचानक से मौसम का रुख बदल गया था। ऐसे मौसम में वायरलेस भी काम नहीं कर रहा था। अतः उनसे सम्पर्क हो पाने का कोई जरिया ही नहीं था। सेना के जवान भी इस मौसम में कुछ नहीं कर सकते थे। लेकिन 26 लोगों की जान का सवाल था, इसलिए शान्त भी नहीं बैठा जा सकता था। उस मौसम में भी अपने स्तर से खोजबीन में कुछ गड़ेरियों ने बताया कि 'जब हम ऊपर से लौट रहे थे तो कुछ लोगों को उधर जाते देखा। हमने उन्हें आगाह किया कि मौसम खराब होने वाला है। आप लोग यहीं कहीं रुक जाइए, लेकिन उस समय वे नहीं रुके अब आगे का पता नहीं।' गड़ेरिए की बातों

ने मन और भी परेशान कर दिया कि पता नहीं वे बादल फटने से पहले कहीं रुके होंगे या नहीं। जैसे ही मौसम कुछ ठीक हुआ, सेना के हेलिकॉप्टर की मदद से उन्हें ढूँढ़ने की कोशिश की गयी। लेकिन यह कोशिश भी बेनतीजा हो रही, क्योंकि मौसम का रुख बार-बार बदल रहा था। इसी चिन्ता में 36 घंटे गुजर गये। अब मौसम कुछ ठीक हो गया था। तभी पता चला कि ऊपर से लौट रहे एक गड़ेरिए ने उसी जगह के आस-पास कुछ लोगों को देखा था, जहाँ बादल फटा था। यह खबर सुनते ही हमने अपने कुछ आदमियों को वहाँ रवाना किया। उसके बाद जो खबर मुझे मिली, उसे सुनकर मन शान्त हुआ। इस प्राकृतिक आपदा के बीच भी बाबा बद्रीनाथ की कृपा से सकुशल लौटे लोगों ने जो आपबीती सुनाई, उसके अनुसार ये लोग जैसे ही पहले कैम्प में पहुँचने वाले थे कि अचानक मौसम खराब हो गया। अभी ये कुछ सोचते तभी बारिश होने लगी। अब पत्थरों की गुफाओं में जिसे जहाँ जगह मिली वह वहीं अपनी जान बचाने के लिए दौड़ा। कई घंटे लगातार बारिश के बाद जब मौसम थोड़ा ठीक हुआ तो इनमें से कुछ लोग बाहर की तरफ निकले, लेकिन बाहर का नजारा तो एकदम बदल गया था। न ही कहीं कैम्प का कोई नामोनिशान था और न ही दूर-दूर तक कोई आदमी नजर आ रहा था, जो इनकी भूख-प्यास शान्त करने का कोई प्रबन्ध कर सके। हाँ, सेना के हेलिकॉप्टर की आवाज इन्होंने सुनी थी। लेकिन फिर मौसम खराब हो जाने के कारण ये बाहर नहीं निकल सके थे। अन्तत: 36 घंटे बाद मौसम के रुख में बदलाव आया और इनकी जान में जान आयी। भूख-प्यास से तो हालत बदतर हो गयी थी। उन 36 घंटों में मेरे मन में सिर्फ एक ही बात चल रही थी कि हे बाबा बद्रीनाथ उन सब की रक्षा करना। फिर जब हमारी पूरी टीम सकुशल वापस लौट आयी तो बाबा बद्रीनाथ को धन्यवाद कर मैंने हमेशा के लिए उस कम्पनी को बन्द कर दिया।

रग-रग, नस-नस में भ्रष्टाचार

कुछ साल पहले मैं खुद के लिए एक प्लॉट लेना चाहता था और एक व्यवसायी होने के नाते अपनी दूरदर्शिता के आधार पर मैंने प्रोपर्टी में निवेश करना चाहा। इसलिए मैं उचित कीमत पर प्रोपर्टी की तालाश में लग गया। तभी एक अखबार में एक विकास प्राधिकरण के द्वारा प्लॉट नीलामी की सूचना मिली। मैं इसे देख कर बहुत खुश हुआ और जल्दी से इसके बारे में पूरी जानकारी जुटा कर अगले ही दिन उनके कार्यालय में फॉर्म खरीदने के लिए चल पड़ा। लेकिन दुर्भाग्य से उन्होंने मुझे एक जगह से दूसरी जगह दौड़ाना शुरू कर दिया। मैं इस रोज-रोज की भागदौड़ से तंग आ चुका था। सोच रहा था कि उस विज्ञापन में तो यह कहीं भी नहीं लिखा था कि यहाँ से फॉर्म प्राप्त करना इतना मुश्किल काम होगा। अन्त में एक आदमी ने न चाहते हुए भी मुझे इस काम के लिए एक 'अनमोल जानकारी' दी। जी हाँ उसे अनमोल ही कहा जा सकता है। उन्होंने कहा कि इस तरह से यहाँ-वहाँ घूमना व्यर्थ है, तुम बिना किसी 'पूर्व सेटिंग' के फॉर्म नहीं प्राप्त कर सकते हो। सेटिंग, मैं इस शब्द को सुनकर आश्चर्य मे पड़ गया और उस आदमी की तरफ कुछ देर यूँ ही देखता रहा। पहले तो वे मेरी मासूमियत पर मुस्कुराने लगे फिर उत्तर दिया कि जाकर उस बड़े अधिकारी से सम्पर्क करो। वह यह काम करने के बदले में तुमसे कुछ अतिरिक्त पैसे की माँग करेगा। जैसा कि उस आदमी ने बताया था, मैं उस बड़े अधिकारी की 'सेटिंग' के लिए निकल पड़ा और मिलने में कामयाब भी हो गया। मैंने उनसे उसी लहजे और तरीके से बात की। जैसा कि मुझे बताया गया था। अन्त

में कुछ रुपयों की माँग की जिन्हें लेकर मैं फिर वहाँ गया और बदले में उन्होंने मेरी पसन्द का प्लॉट मुझे देने का वादा किया। उनका यह वादा सन्देहास्पद भी था, लेकिन मेरे पास उन पर विश्वास करने के अलावा कोई और चारा भी नहीं था।

अगले दिन रविवार था और मैं उस आदमी से मिलने गया, जिससे एक दिन पहले मेरी बात हुई थी। वह महाशय उसी समय आधा पैसा देने के लिए मुझे बहलाने लगे ताकि मुझे मेरा प्लॉट मिलने की गारंटी मिल जाय। मैंने उसी समय एडवांस का भुगतान कर दिया और मुझे वह फॉर्म मिल गया जिसके लिए मैंने अपने शरीर की कितनी कैलोरी जलायी थी। फिर भी मैं खुश था कि अब मुझे मेरा नया प्लॉट मिल जाएगा। लेकिन मैं पूरी तरह से अचंभित रह गया कि जिस फॉर्म को मैंने रविवार को पैसा देकर प्राप्त किया था जो और किसी दिन मिल नहीं पा रहा था। उस पर मुझे मेरे उस प्लॉट का नम्बर लिखने से मना किया जा रहा था, जिसे मैं पाना चाहता था और जिसके लिए मैंने इतनी जहमत उठाई थी। मैं समझ नहीं पा रहा था कि वे क्यों मुझे प्लॉट का नम्बर भरने से रोक रहे हैं? खोजबीन करने पर भी मुझे निराशा ही मिली। पैसे जो मैंने फॉर्म के लिए दिये थे वह कोई छोटी रकम नहीं थी, लेकिन फिर भी मुझे विश्वास था।

कुछ दिन बाद उन्होंने सभी बोली लगाने वालों को बोली के लिए बुलाया। हम सब उसकी बताई जगह पर पहुंचे। वहाँ पर मुझे पता चला कि आये हुए सभी लोगों को इसी आशा से बाँधा गया है और सभी लोग उसी 'सेटिंग' की रस्सी पकड़ कर यहाँ तक पहुँचे हैं। मैं इसी विचार में मगन था कि मैं कैसे विश्वास कर लूँ कि इस 'प्रतियोगी बोली' में मेरी पसन्द का प्लॉट मुझे ही मिलेगा? दिल की धड़कन की रफ़्तार बढ़ती जा रही थी कि कहीं ऐसा न हो कि मैं खुद को ठगा महसूस करने लगूँ। लेकिन मैं खुद को निश्चिन्त करने की कोशिश करने लगा और धैर्यपूर्वक बोली लगने का इन्तजार करने लगा। इस समय 1:30 बज रहा था और बोली लगने की प्रक्रिया 2 बजे से शुरू होने वाली थी। मैं शत-प्रतिशत सही था कि वहाँ बैठा हर आदमी कलाई पर नजर गड़ा कर अपनी घड़ी की सूई को जल्द से जल्द 180 डिग्री पूरा करते देखना चाहता था। यह सबके लिए घबराहट का समय था, लेकिन वहाँ बैठा हर कोई बनावटी मुस्कान

को अपने होंठों तक लाने की नाकाम कोशिश में लगा था। तभी हमें कहा गया कि हम अपने फॉर्म पर तीन प्लॉट नम्बर लिखें जिनमें से एक वह नम्बर होगा जिस नम्बर का प्लॉट हम चाहते हैं। जैसे कि यदि मैं 20 नंबर प्लॉट चाहता हूँ तो मुझे 20, 23 और 24 नम्बर प्लॉट अपने फॉर्म में भरने होंगे। मेरा दिल एक बार फिर जोर-जोर से धड़कने लगा यह सोचकर कि अगर मुझे 23 या 24 नम्बर प्लॉट मिल गया तो क्या होगा? नहीं, मैं केवल 20 नम्बर प्लॉट ही चाहता हूँ। मैं अभी इसी उधेड़बुन में था कि उन लोगों ने एक बार फिर से सबको आश्वस्त किया कि हमें अपनी इच्छा का प्लॉट ही मिलेगा, और 2 बजे जब बोली लगनी शुरू होगी तो हम में से कोई भी किसी की पसन्द के प्लॉट के लिए उससे ज्यादा की बोली नहीं लगाएगा। जैसे कि यदि मैं प्लॉट नम्बर 20 चाहता हूँ तो कोई भी मुझसे ज्यादा की बोली नहीं लगाए। अन्ततः 2 बजे बोली लगना आरम्भ हुआ इस पूरे कार्यक्रम की वीडियो रिकॉर्डिंग की जा रही थी और हम में से सभी को अपनी पसन्द का प्लॉट मिला, जैसा कि उन लोगों ने हमें आश्वासन दिया था। मैं पूरी तरह से विस्मयाविभूत था इस बोली की प्रक्रिया को देखकर जो पहले से ही तय थी, लेकिन कोई भी इसकी प्रामाणिकता पर प्रश्नचिह्न नहीं लगा सकता था, क्योंकि इसके लिए किसी के पास कोई प्रमाण नहीं था। इसमें जो अधिकारी शामिल थे, उन्होंने जम कर अपनी जेबों को गरम किया।

मैं पूरी तरह से भौंचका था यह देखकर कि मैं कैसे उस प्रक्रिया का हिस्सा बन गया जो सदा से मेरे सिद्धान्तो के विरुद्ध था। मैं समझ नहीं पा रहा था कि मुझे खुश होना चाहिए या खुद को नीचा देखना चाहिए, जिस तरह से मैंने वह प्लॉट पाया था।

कभी आपके साथ भी ऐसा हुआ है?

कमर में बहुत दर्द था, सारी रात सो नहीं सका था, क्योंकि कल पूरे दिन ऑफिस में काम किया। फिर शाम 6:30 बजे मैं और मेरा ड्राइवर अमित अपनी कार से हरिद्वार के लिए निकल गये। घर से निकलते समय रितु ने समझाया भी कि 'अभी कल ही तो 10 दिन की विदेश यात्रा से लौटे हैं, कल भी पूरे दिन काम किया, आज भी पूरे दिन काम किया और रात में हरिद्वार जा रहे हैं, सुबह चले जाइएगा।' मैंने कहा, 'नहीं रितु, सुबह 9 बजे तो ऋषिकेश में हनुमान जी की सवामनी है। 11 बजे रुड़की में बद्रीनाथ साधना ट्रस्ट की मीटिंग में पहुँचना है। काफी समय बाद सभी ट्रस्टी मुम्बई, कोलकाता, राँची, दिल्ली, अहमदाबाद आदि से आ रहे हैं। मैं एक जिम्मेदार पद पर हूँ और मेरा पहुँचना बहुत आवश्यक है। सुबह कितना भी जल्दी निकलूँगा तो भी मैं 10-11 बजे से पहले ऋषिकेश नहीं पहुँच पाऊँगा, तो फिर रुड़की की मीटिंग कैसे करूँगा, और मीटिंग में नहीं पहुँचना बहुत गलत सन्देश देगा।'

'इसीलिए होई है सोई, जो राम रचि राखा'। यही सोचकर चल दिए। पर थकान की वजह से हिम्मत नहीं हो रही थी। ड्राइवर से पूछा कि अमित अगर सुबह-सुबह निकलें तो कैसा रहेगा? उसने कहा, 'सर आप जैसा कहें, अगर सुबह 4 बजे भी निकलते हैं तो 9 बजे तक ऋषिकेश नहीं पहुँच पायेंगे और कल ही वापस दिल्ली भी आना है, क्योंकि परसों सुबह जल्दी मथुरा भी पहुँचना है। एक काम कर सकते हैं, कुछ सफ़र आज तय कर लेते हैं, कुछ कल कर लेंगे, यह ज़्यादा अच्छा रहेगा।' हाँ यह बात भी ठीक है, मैंने कहा।

चल तो दिए लेकिन ट्रैफिक जाम ने मन दुखी कर दिया। पूरी तरह से अँधेरा हो चुका था। ऑफिस से चले 1 घण्टा से ज्यादा हो चुका था, पर अभी हम दिल्ली ही पार नहीं कर पाये थे। अब तो भूख भी लगने लगी थी। रात के 9 बज चुके थे। दिल्ली-गाजियाबाद बॉर्डर पर ही एक बढ़िया होटल देख कर हमने खाना खाया। देखा तो मोबाइल भी बन्द होने वाला था। वहीं पर मोबाइल चार्ज में लगा दिया, क्योंकि रास्ते में किसी भी अनहोनी के समय यही हमारा हनुमान था। अमित भी थोड़ा थका-थका सा लग रहा था। एक जगह गाड़ी रुकवाकर मैं आगे आ गया, ड्राइवर के साथ वाली सीट पर। यूँ तो कार में थोड़ा-थोड़ा म्यूज़िक भी चल रहा था। एसी भी। पर जब शरीर में थकान होती है तो कुछ अच्छा नहीं लगता। यही सोचते-सोचते कब मेरठ निकला, कब मुजफ्फरनगर पता ही नहीं चला। अब आगे की सड़क तो बहुत खराब थी। लगभग रात के 12 बज चुके थे और हम रुड़की भी नहीं पहुँचे थे। चूंकि रात ज्यादा हो गयी थी, इसलिए हमने यहीं रात गुजारना ठीक समझा। रुड़की में ही रास्ते के किनारे एक गेस्ट हाउस में रुक गये। सोने गये तो देखा कि एसी लगा हुआ तो है पर यह तो काम ही नहीं कर रहा है। साथ ही मच्छर भी बहुत हैं। रूम का इंटरकॉम उठाया तो देखा कि अटैंडेन्ट हमें बाहर से बन्द करके चला गया था। पर ऐसा क्यों? कितने गैर-जिम्मेदार इंसान हैं। होटल में गेस्ट ठहराकर, पैसे लेकर खुद होटल से बाहर! अब क्या? थोड़ा टेक्निकल हूँ, इसलिए बमुश्किल किसी तरह से एसी चालू किया पर सोचने को मजबूर हुआ कि आखिर लोग हमारे देश में ऐसा क्यों करते हैं। उन्हें दूसरे की परेशानियों की क्यों कोई परवाह नहीं होती? मैं इसी सोच में डूबा था कि मुझे वेनिस, इटली की वह घटना याद आयी जब मैं रात लगभग 10 बजे वेनिस में पहले से बुक किये गये होटल पर पहुँचा था। होटल बाहर से ही बन्द था। मेरे लिए यह बहुत ही आश्चर्यजनक बात थी कि ऐसा कैसे हो सकता है। मैं परेशान हो रहा था, तभी पास के रेस्टोरेंट से एक आदमी आया, और उसने मेन गेट पर लगे फोन की तरफ और उस पर लिखे 'For Help Dial...' की तरफ इशारा किया। जैसे ही मैंने वह नम्बर मिलाया उधर से एक महिला ने बहुत ही विनम्र शब्दों में बताया कि 'हमारा रिसेप्शन 8 बजे बन्द हो जाता है। हम लगातार 7 बजे से

8:30 बजे तक आपके फोन पर कॉल करते रहे पर आपका फोन नहीं मिल रहा था, पर आप चिन्ता न करें।' उन्होंने मुझे मेन गेट का लोक कोड बताया और कहा, 'आप दरवाजा खोलकर अन्दर जाइए, आपका रूम नं. 104 है, अगर फिर भी कोई प्रॉब्लम हो तो आप मुझे इसी नम्बर पर कॉल करें, वैसे मैं सुबह 7 बजे ब्रेकफास्ट पर आपसे मिलूँगी।' आराम से दरवाज़ा खुला, मैं अन्दर गया। रूम बहुत अच्छा था। सारी चीज़ें व्यवस्थित थीं। सोया तो पता ही नहीं लगा कब सुबह हो गयी। ब्रेकफास्ट पर वह महिला मुझसे मिलने आयी, बुकिंग डॉट कॉम का वह प्रिंट आउट भी लायी, जिसमें होटल के सभी नियम साफ-साफ लिखे थे। यह भी कि होटल 8 बजे बन्द हो जाता है। पर हम हिन्दुस्तानी इन सब बातों को पढ़ते ही कहाँ हैं। होटल की कर्मचारी उस महिला ने अपनी पूरी जिम्मेदारी निभाई थी। मेरा फोन इसलिए नहीं मिल रहा होगा, क्योंकि मैं फ्लाइट में था। अब सोचता हूँ कि वह महिला अपने घर से भी गेस्ट का कितना ध्यान रख रही थी, जबकि हमारे भारत में ऐसे होटल वाले होते हैं जो पैसा लेकर चुपचाप बाहर से दरवाज़ा बन्द कर चल देते हैं।

दिल में बसी मेरी ननिहाल

जयपुर आया था, जल्दी काम खत्म हो गया तो बालाजी के दर्शन की इच्छा जागी और गाड़ी बालाजी की तरफ दौड़ा दी। अरे ये क्या? मन्दिर तो बन्द है आज ग्रहण जो है। दोपहर के 2:30 बजे हैं तो उस शख्स की याद आयी जिसने जीवन के शुरुआती दौर में दिल्ली में मुझे ठिकाना देकर मेरे जीवन में बहुमूल्य योगदान दिया यानि मेरे दिल्ली वाले मामाजी, अभी कुछ दिन पूर्व ही तो अलवर में उनका देहान्त हुआ है। सोचा मामीजी से मिलता हुआ जाऊँ तो अलवर की तरफ गाड़ी दौड़ा दी और अलवर की पुरानी यादों में डूब गया। सात मामाओं के भांजे हैं हम परन्तु बचपन से ही कभी भी हमारे मामाओं ने हममें और अपने बच्चों में कोई फर्क नहीं समझा। अब भी कितना प्यार करते है यहाँ सब मुझे। आत्मीयता तो चेहरे पर झलकती है सबके। सोचते-सोचते कब अलवर आ गया पता ही नहीं चला। अरे यह क्या कुसुम जीजी से मिले तो वर्षों हो गये, चलो इत्तेफाक है वह भी यहाँ मिल गयी। यूँ तो मथुरा में ही रहती हैं वह पर मिलना नहीं हो पाता। इन्हीं के घर से तो मैंने अपने वास्तविक जीवन की शुरुआत की थी। कैसे समय निकलता है पता ही नहीं चलता। जीवन आगे चलता रहता हैं और अपने लोग बिछुड़ते रहते हैं। रात को सारी भाभियाँ-भैया, बच्चे और खूब धमाचौकड़ी। वह भी जयपुर वाली मामी के उस कमरे में जहाँ बचपन में वह हमें दूध के गिलास में सिक्का डालकर दूध पिलाया करती थी। जो भी कहो दुनिया बदल गयी पर हमारी जयपुर वाली मामी नहीं बदली। आज भी वैसे ही हँसमुख, फिट और सबको प्यार करने वाली। हँसी-मजाक और बातों का ऐसा सिलसिला शुरू

हुआ कि कब 10 बज गये पता ही नहीं चला। वापस जाने को बाहर निकले तो तेज हवा का ऐसा झोंका शुरू हुआ कि मानो हमारी खुशी में वह भी शामिल होना चाहती हो। इसे इत्तेफाक कहूँ या वास्तविक प्यार। पर सच में इतनी रात एक ही जगह यकायक सबका मिलना सिर्फ दिल से अपनेपन की तरफ ही इशारा करता है। 10 बजे तक सो जाने वाले हमारे उमा जी को देखो वे भी हमारे लिए रुके हुए हैं। रात में ही गुड्डी जीजी को भी घर बुलाने के प्रयास हो रहे हैं। यानी इस खुशी का एक पल भी कोई नहीं छोड़ना चाहता। कितनी पुरानी यादें सँजोयीं हमने उस दिन, कितने हँसे और तो और पुरानी शादियों पर दिए गये टाइटल तक याद कर लिए। फिर प्रोग्राम बना वापस महफिल जमाने का। जीजाजी को मनाया और फिर वही सिलसिला। कब-कब में हम सब की प्यारी अनुपमा भाभी ने लजीज खाना भी तैयार करा दिया, तन्वी तो न जाने कहाँ से चाचा के लिए ऐसी मिठाई लायी जो दिल्ली की ही थी पर हमने दिल्ली में भी नहीं खायी। बच्चों को देखो इतनी रात में चाचा के आने की खबर सुनकर सब एक ही जगह इकट्ठा हो गये। मिन्टू, चिनचिन, अक्की और न जाने कौन-कौन छोटू, मोटू शायद ही तो कोई रह गया था उस महफिल में। लौट कर तो आ गया हूँ पर अभी भी उन पलों की याद कर रहा हूँ। ऐसे न जाने कितने पल होंगे जो आज भी मेरे जहन में अपना विशेष स्थान रखते हैं। इसीलिए तो मेरे दिल में बसी है मेरी ननिहाल!

ये जीवन है...

यूँ तो प्रकृति सदैव से ही अत्यन्त ही खूबसूरत रही है पर जब कभी प्राकृतिक सौन्दर्यता को नजदीक से देखने का मौका मिलता है, महसूस करने का मौका मिलता है तो उसके क्या कहने!

आजकल मैं अपने व्यस्त जीवन में से थोड़ा समय निकालकर इस समय मॉरिशस की यात्रा पर हूँ। आज मेरी यात्रा का मात्र दूसरा दिन ही है परन्तु यहाँ की प्राकृतिक सौन्दर्यता, स्वच्छ समुद्र तट, विशाल पर्वत, साफ-सुथरी सड़कें, समुद्र की शान्त लहरों में किलकारियाँ करते विश्व भर से आये पर्यटक, बेखौफ अर्धनग्न रंगरेलियाँ मनाते सैलानियों को देखकर जहाँ एक ओर मन अत्यन्त प्रसन्नचित्त है वहीं हमारे देश में हो रही निर्भया जैसी अपमानजनक दरिन्दगी की इन्तहा पार कर चुकी घटनाओं को सोचकर मन चिन्तित।

इस वक्त प्रात: 5.40 का समय है और मैं अपने ग्राण्ड वे स्थित ओशियन विला के बाहर बालकनी में बैठा सूरज की प्रथम किरण के साथ कुछ सोचने पर मजबूर हूँ कि आखिर जीवन क्या है? जीवन की इस आपाधापी में कहीं हम जीवन के सही मायने तो नहीं भूलते जा रहे? ये मिल गया तो अब ये चाहिए, वह भी मिल गया तो अब यह भी चाहिए, आखिर कब तक, क्यों और किसके लिए? इन्हीं प्रश्नों का उत्तर ढूँढ़ते-ढूँढ़ते मैं यह लिखने बैठ गया।

एक समय था जब एक सम्मिलित परिवार में एक पुराने मकान में एक गली के अन्दर एक छोटे शहर में रहते थे। तब उस घर से बाहर निकलकर एक खुले आसमान के नीचे रहने का मन होता था। सम्मिलित व्यापार से बाहर निकलकर अपना कुछ काम करने का मन

होता था। वह सब हो गया तो जिस शहर में पले-बढ़े, प्रारम्भिक शिक्षा ग्रहण की या जीवन के 25-30 साल गुजारे वह शहर अब छोटा लगने लगा, उसमें उपलब्ध पढ़ाई के साधन अपने बच्चों के लिए कम नजर आने लगे। यानी कुल मिलाकर आकांक्षाएँ इतनी प्रबल थीं कि सबके लाख समझाने/मनाने के बावजूद अपना शहर छोड़ छोटे-छोटे बच्चों को साथ लेकर दिल्ली आ गये। यहां सिर्फ एक चाह होती थी कि एक छोटा-सा आशियाना बन जाए, बच्चों को किसी बोर्डिंग में पढ़ा सकें, एक छोटी सी कार हो और थोड़ा काम चल पड़े।

हाँ, मेहनत तो थोड़ी करनी पड़ी पर जब ईश्वर ने ये सब भी पूरा कर दिया तो बचपन का एक ख्वाब आगे आया कि पहले अमेरिका नहीं जा सके थे अब अमेरिका जाना है वह भी पूरा हो गया तो समय के साथ इच्छाएँ हमारे ऊपर इस कदर हावी होने लगीं कि ये इच्छा फिर वो इच्छा वो और फिर वो और फिर वो... यानी इंसान का जीवन इन्हीं इच्छाओं के मोह जाल में फँस के रह जाता है और सैकड़ों से हजारों, हजारों से लाखों और लाखों से करोड़ों बनाने में ही उसका जीवन चला जाता है। यहाँ तक कि वह इसे बनाने में अपने स्वास्थ्य, शान्ति, सम्बन्धों तक की परवाह नहीं करता, और अपनी उम्र के पड़ाव पर आते-आते समय से पहले ही बूढ़ा होने लगता है। क्या ये जीवन है? नहीं, यह जीवन नहीं है। सच तो यह है कि हममें से अधिकतर ने सही से जीवन को जाना ही नहीं है।

लगभग 50 देशों की यात्रा करने के पश्चात् यह मेरा व्यक्तिगत विचार है कि वास्तविक जीवन 'जीवन जीने का नाम' है। ऐसा जीवन जिसमें आपने समय-समय पर अपनी जिम्मेदारियों को निभाया हो न कि उन्हें अपने ऊपर परेशानी समझा हो। कमाया हो तो उसी अनुपात में अपने ऊपर खर्च भी किया हो। यात्राएँ की हों, अपने स्वास्थ्य पर ध्यान दिया हो, शान्ति को खरीदा हो, सम्बन्धों को बनाया हो। सामाजिक जिम्मेदारियों को निभाया हो, चिन्ता मुक्त रहने की कोशिश की हो। ईश्वर में आस्था रखी हो पर अन्धविश्वासी नहीं बने हों। कुछ लोग सारा जीवन कमाने में लगे रहते हैं। अपार दौलत कमा लेते हैं पर अन्तिम यात्रा तक भी हिसाब-किताब में उलझे रहते हैं। जरा सोचो, क्या ये जीवन है?

इतने विदेशों की यात्रा के दौरान मैंने देखा कि सबसे पहले हमारी

सोच में ही बहुत फर्क होता है मसलन् उनके लिए स्वास्थ्य सबसे महत्त्वपूर्ण होता है जबकि हम स्वास्थ्य की तरफ ध्यान नहीं देते। उनके आदर्श बहुत ऊँचे होते हैं, वह अनुशासनयुक्त जीवन व्यतीत करते हैं, कमाते हैं और खर्च करते हैं, खूब घूमते हैं। वे प्राकृतिक सौन्दर्यता, कला, संस्कृति, सिनेमा यानी हर रचनात्मक चीज़ को पसन्द करते हैं, सराहते हैं जबकि हमारे जीवन में इन सबका बहुत कम स्थान होता है। उनके अन्दर मोहमाया, चाहे वह पैसे को लेकर हो या सम्बन्धों को लेकर, कम होती है जबकि हम लोग सारा जीवन उसी मोहमाया में उलझे रहते हैं। हम दूसरों की तरफ ज्यादा देखते है जबकि वहाँ दूसरों से कोई मतलब नहीं होता। हमें अगर जीवन जीना है तो इस सोच को बदलना होगा।

अब मुझे ही ले लीजिए अच्छा-खासा जीवन चल रहा था तो नयी इच्छा जागी राजनीति में आने की और चल दिए सांसद का चुनाव लड़ने। टिकट भी मिल गया। कुछ कर दिखाने के जज्बे को लेकर उतर गये मैदान में। पर लोगों का असली चेहरा तो तब जाना कि ये क्या? कुछ अपने लोगों को छोड़ दें तो अपने ही अपने नहीं हैं? क्या आसान है अपनों से ही जंग जीतना। पर आज सोचता हूँ कि मैं तो चुनाव को झेल गया, पर जो लोग अपना सब कुछ दाँव पर लगा कर चुनाव लड़ते होंगे उनका क्या होता होगा?

अतः जीवन के इस पड़ाव पर आकर यह निश्चय करता हूँ कि 'वास्तविक जीवन जीना है', ज्यादा मोह-माया नहीं रखनी, स्वास्थ्य पर ध्यान देना है, शान्तिप्रिय जीवन बिताना है और न जाने कब जीवन की घण्टी बज जाए अतः अधिक से अधिक देशों की यात्राएँ इन आँखों से करनी हैं। हाँ, किसी को धोखा नहीं देना है। किसी के साथ गलत नहीं करना है। क्योंकि अगर हम अच्छे रहेंगे, तो ईश्वर हमें भी अच्छा ही रखेगा, ऐसा मेरा विश्वास है।

अन्त में, प्रभात का प्रणाम!!!

आदरणीय सर,

प्रणाम!!!

मुझे ऐसा लगता है कि ये दो शब्द 'आदरणीय सर' और 'प्रणाम' ऐसे हैं, जिन्हें एक साथ जितनी भी बार पढ़ा कम है। हर बार एक नया एहसास होता है, हर बार सुकून मिलता है और हर बार कर्तव्यबोध के साथ-साथ जिम्मेदारियों से, एक नये रूप में परिचय होता है और शायद यही वजह हो कि काल से परे तक गुरु-शिष्य का रिश्ता कायम रहा है। आपकी संस्था से एकैडमिक तौर पर अलग हुए करीब दो साल हो गये, मगर आज भी उन दो सालों का फासला इतना कम है कि पीछे मुड़ कर जब भी देखना चाहा, मेरा कॉलेज साफ-साफ दिख जाता है, जहाँ पढ़ाई के क्लास-रूम तो जमीन के धरातल से भी नीचे हैं मगर बच्चों के मन में इतनी ताकत दी जाती है जिसकी बदौलत वो आसमाँ की ऊँचाई से आगे जा सकें।

एक विद्यार्थी के जीवन में जितने गुरु आते हैं, उसकी तुलना में एक गुरु के जीवन में कई गुणा ज्यादा विद्यार्थी आते हैं। शायद इसी अन्तर के कारण प्राथमिकताएँ तय करने की नौबत आती है और इसी दौरान हालात ऐसे बनते चले जाते हैं कि अतीत पे वर्तमान हावी होने लगता है और तब जाके कहीं अतीत की अपनी व्यक्तिगत महत्ता का सही मूल्यांकन हो पाता है। आपकी व्यस्तता हम लोगों के लिए सकारात्मक दुर्भाग्य की बात थी कि जब हम आपकी संस्था में पढ़ रहे थे, तब आपसे मिलने के बहुत ही कम अवसर प्राप्त हुए और जब हम अपनी जिन्दगी को बनाने आपसे दूर हुए तो वो अवसर और भी

कम होते गये, मगर साथ ही साथ हमें ये भी एहसास होता गया कि जिस जगह आप हैं वहाँ वक्त निकाल पाना कितना मुश्किल होता होगा और वो भी व्यक्ति विशेष के लिए।

कुछ चीजों के लिए आपका मैं ताउम्र शुक्रगुजार रहूँगा-पहला ये कि आपने मेरे जीवन को मूल मन्त्र दिया- first deserve then desire दूसरा ये कि हाईवे पर सौ किलोमीटर की रफ्तार से चलने के लिए ट्रेफिक से गुजरना ही होगा जिसमें रफ्तार बहुत कम होती है, ये भी आपने ही सिखाया मुझे।

आपकी संस्था से पढ़ना मेरे लिए गर्व की बात है, बिना इन बातों पर विचार किये हुए कि क्या कमियाँ थीं, क्या खूबियाँ थीं। क्यूँकि इयान मेरी जिन्दगी का एक हिस्सा है। जिसे न बदला जा सकता है और न उससे भागा जा सकता है।

सर, पूरी ईमानदारी से मैं जिन्दगी से, जिन्दगी चुराने के लिए जद्दोजहद कर रहा हूँ। मेहनत, विश्वास और धैर्य के साथ अपने कॅरियर के पौधे को बड़ी हिफाजत के साथ बड़ा कर रहा हूँ ताकि एक दिन उसमें फल आ सकें। जिससे मैं आपको गुरुदक्षिण के रूप में अर्पित कर सकूँ...

आप लोगों की बहुत याद आती है। वन्दना मैम से मिलने हेतु जब भी पूछता था, वो हर बार 2 मिनट बैठने को कहतीं। आज जिन्दगी के हर एक दिन में वो 2 मिनट कम पड़ जाते हैं। सनी सर ने एक बार मेरे मोबाइल को क्लास में ऑन पाया था और मोबाइल अपने साथ ले गये। वापस लेने के लिए 500 रुपये देने पड़े। कल जींस खरीदने गया। ठीक 500 रुपये ही घट गये। याद तब आयी कि काश उस दिन सनी सर 500 रुपये नहीं लिए होते तो शायद कल मैं जींस खरीद ही लेता। फ्रेशर पार्टी में आपकी शायरी, क्लास रूम में आपका डाँटना, अपने केबिन में बुला कर कभी चॉकलेट देना तो कभी जोर से हड़काना। कभी नोटिस बोर्ड पे कुछ ऐसी खबर चिपका देना जिससे हम लोगों का डर जाना तो कभी ऐसा हौसला देना जिससे जिंदगी को जीत पाना। इन सबके अपने मायने थे। अपनी जरूरत थी और इन सबके लिए, मैं आपका शुक्रिया अदा करता हूँ। वन्दना मैम के साथ पूरे इयान परिवार को भी और व्यक्ति होने के नाते आपके सुखद भविष्य की कामना भी करता हूँ!!! मेरे लिखने के सलीके या

शब्दों के उपयोग करने के तरीके में अगर प्रत्यक्ष अथवा अप्रत्यक्ष रूप से गलती हुई हो तो मैं इसके लिए क्षमाप्रार्थी हूँ। इस अनुरोध के साथ मैं आपका वक्त बर्बाद करना बन्द करता हूँ कि आपके इस शिष्य को आपके प्यार, सहयोग और आशीर्वाद की जरूरत तब भी थी, अब भी है और तब भी रहेगी जब मैं खुद में सम्पूर्ण रहूँगा!!!

सधन्यवाद!!!

प्रभात!!!

आभार

पूज्य दादाजी स्वर्गीय प्रभुदयाल कसेरे जी को मैं अपना आदर्श और प्रेरणास्रोत मानता हूँ वहीं मेरे माता-पिता के आशीर्वाद ने मुझे मेरी हर मुश्किल से उबारा। मेरी पत्नी रितु, बेटा आयुष और बेटी आकृति के सहयोग और समझदारी ने मुझे सदैव आगे बढ़ने को प्रेरित किया। ये मेरे बड़े भाई देवेन्द्र गर्ग, अवनीश गर्ग और उनके परिवारों का प्यार ही है कि मुझे आज भी मथुरा और दिल्ली में कोई फर्क नज़र नहीं आता। मेरी अकेली बहिन रितु और जीजाजी उमाशंकर जी और उनके परिवार के तो क्या कहने! सौम्य, शान्त स्वभाव से भरपूर उनका प्यार मेरे ऊपर सदैव बना रहा है।

बचपन से अब तक यूँ तो कई मित्र बने, सभी अच्छे थे पर मैं यहाँ चर्चा अपने कुछ अभिन्न मित्रों की करना चाहूँगा। संजय-मिशू मेरे बचपन के दोस्त यूँ तो अब पति-पत्नी भी हैं परन्तु हमारा 40 सालों का याराना सफर बेमिसाल रहा। जहाँ मिथिलेश त्रिपाठी मेरे जीवन में प्रकाश बनकर आये और उन्होंने मेरे जीवन को सही दिशा दी। वहीं इमरान, नलिन, अमर्त्या, मिनी, मीनाक्षी, उमा, सिमरन, वन्दना, उत्पल दादा, संजय, अमित व गणेश का खूब सहयोग मिला। राहुल-अर्चना, प्रशान्त-प्रिया और टीना दीदी मेरी हर मुश्किल में सदैव मेरे साथ रहे।

□□